PIERRE BESNARD

DOCTEUR EN DROIT

RECEVEUR-CONTROLEUR DES CONTRIBUTIONS DIRECTES
ET DE L'ENREGISTREMENT

Étude de la Législation Fiscale

DES

HABITATIONS A BON MARCHÉ

ÉDITIONS ET PUBLICATIONS
CONTEMPORAINES _ PIERRE BOSSUET
47, RUE DE LA GAITÉ _ PARIS _ 14°

1930

Étude de la Législation Fiscale

des

Habitations à Bon Marché

PIERRE BESNARD

DOCTEUR EN DROIT

RECEVEUR-CONTROLEUR DES CONTRIBUTIONS DIRECTES
ET DE L'ENREGISTREMENT

Étude de la Législation Fiscale

DES

HABITATIONS A BON MARCHÉ

ÉDITIONS ET PUBLICATIONS
CONTEMPORAINES — PIERRE BOSSUET
47, RUE DE LA GAITÉ — PARIS — 14e

1930

INTRODUCTION

Si le problème de l'habitation salubre à la portée de tous a toujours eu de l'importance, il n'a cependant jamais atteint la gravité qu'il détient à l'heure actuelle.

La création de nouvelles usines et le développement des industries déjà existantes ont attiré dans les villes la population des campagnes.

Cet exode qu'on a déploré, tant au point de vue économique qu'au point de vue moral, a eu aussi en matière d'hygiène de funestes conséquences.

Il a bien souvent condamné à des logements sans lumière, sans air et sans hygiène des habitués de la vie au grand air. Ce déplorable résultat aurait certes été évité si les villes avaient pu contenir des logements en proportion de l'accroissement de leur population.

Malheureusement, le coût sans cesse croissant des matériaux et de la main-d'œuvre a limité la construction d'habitations nouvelles.

Les statistiques de la Ville de Paris nous révèlent cet état de choses.

La répartition par milliers d'habitants dans les diverses catégories de logements non meublés nous donne:

		En 1911	En 1921
Logements surpeuplés		216	237
— insuffisants		925	857
— normaux		736	704
— assez larges		466	437
— très larges		296	280

Si nous trouvons une diminution des logements insuffisants, 68, le nombre des logements surpeuplés a augmenté de 21; le nombre des logements normaux a diminué de 32; celui des logements assez larges de 29, et celui des logements très larges de 16.

L'allure générale de cette statistique indique bien que le mouvement du logement non peuplé salubre est en nette dégression depuis 1911.

Pour les logements meublés, les chiffres sont encore plus éloquents.

Voici, toujours pour Paris, la répartition des logements par milliers d'habitants :

		En 1911	En 1921
Logements surpeuplés		18	45
— insuffisants		43	102
— normaux		100	125
— assez larges		0,2	11
— très larges		0,9	6

Pour une augmentation totale de 41 des logements normaux, assez larges et très larges, nous relevons une augmentation de 27 des logements surpeuplés et une augmentation de 61 des logements insuffisants.

Si nous ajoutons que par logement surpeuplé, on entend un logement qui comprend au moins deux personnes par pièce et par logement insuffisant un logement qui comporte plus d'une demi-pièce et moins d'une pièce par personne, nous voyons quel peut être le résultat de cette promiscuité.

On veut lutter contre la tuberculose, la dépopulation ; ne doit-on pas en premier lieu chercher la cause de ces fléaux dans l'ombre des taudis ?

Les œuvres de bienfaisance, les entreprises privées ont, il est vrai, tenté d'enrayer le mal. Elles ont souvent elles-mêmes été obligées de compter avec l'augmentation du prix de revient des logements et leur influence n'aurait pu se manifester dans toute son ampleur si le législateur n'était venu de bonne heure leur prêter son appui.

Toute une législation fiscale est née de cette nécessité, et cette législation est devenue de plus en plus active à mesure que se manifestait plus clairement le mal à éviter.

Le premier texte relatif à la question remonte au 30 Novembre 1894. De nombreuses lois l'ont depuis modifié.

Si l'intention du législateur est restée la même, les moyens qu'il a employés se sont élargis ; à des exemptions fiscales de plus en plus nombreuses, est venu s'ajouter tout un système de prêts et de subventions.

Un bref historique des différents textes ayant trait à la question nous donnera dans un chapitre préliminaire, une idée des différents privilèges dont bénéficient les habitations à bon marché.

Historique

Le premier texte ayant trait à la question des habitations à bon marché est la Loi du 30 Novembre 1894.

Cette Loi avait pour but d'encourager la construction des maisons salubres et à bon marché, soit par des particuliers ou des Sociétés, en vue de les louer ou de les vendre à échéance fixe ou par paiements fractionnés à des personnes n'étant propriétaires d'aucune maison, notamment à des ouvriers ou employés vivant principalement de leur travail ou de leur salaire, soit par les intéressés eux-mêmes pour leur usage personnel.

Pour arriver à ce but, la Loi créait deux organismes :

1° Les Comités de Patronage ;

2° Le Conseil Supérieur des Habitations à Bon Marché.

Les Comités de Patronage étaient chargés d'encourager la construction des maisons d'habitation à bon marché.

Le Conseil avait la surveillance de ces maisons. Par maison d'habitation à bon marché, il fallait entendre des habitations:

1° Dont le revenu net imposable à la contribution foncière ne dépassait pas certains maxima variables avec l'importance des agglomérations ;

Et 2° appartenant à des personnes qui n'étaient par ailleurs propriétaires d'aucune autre maison.

Les maisons répondant à ces conditions étaient exemptes de l'impôt foncier et de la contribution des fortes et fenêtres, sauf, toutefois, l'exigence de certaines justifications.

L'exemption était annuelle et d'une durée de cinq ans après l'achèvement de la construction.

Aux termes du 2° alinéa de l'Art. IV de cette Loi, en cas de vente et lorsque le prix était payable par annuité, la perception du droit de mutation elle-même pouvait sur la demande des intéressés être effectuée en plusieurs fractions égales sans que le nombre de ces fractions puisse excéder celui des annuités prévues au contrat, ni être supérieur à cinq. Sur production de certaines justifications concernant le paiement fractionné du prix, l'exonération de la contribution foncière, le droit de mutation n'était donc perçu qu'au fur et à mesure des paiements différés.

Cette disposition, d'ailleurs, n'était pas applicable aux marchés de construction et le droit de marché exigible pour ces actes était payé intégralement.

Le dernier paragraphe de l'Art. X décidait aussi, qu'en cas de résolution volontaire ou judiciaire du contrat de vente, le droit fixe de 3 francs était seul exigible. La loi accordait aussi des privilèges aux Sociétés de construction et de crédit approuvées par le Ministre, et qui limitaient à un certain taux leurs dividendes.

Les actes nécessaires à la constitution et à la dissolution de ces Sociétés étaient visés pour timbre et enregistrés gratis.

Les pouvoirs en vue de la représentation aux Assemblées Générales étaient dispensés de Timbre.

Ces Sociétés, enfin, étaient dispensées de la Taxe sur les biens de mainmorte et de la patente ; elles étaient aussi dispensées de l'impôt sur le revenu, à condition que leurs actions fussent nominatives et pour les seuls associés dont le capital versé ne dépassait pas 2.000 francs.

Par ce premier texte, le législateur accordait déjà des avantages appréciables aux habitations à bon marché, mais ces avantages ne cessèrent de s'accroître.

Un réglement d'Administration Publique du 21 Septembre 1895 organisa les Comités de Patronage et définit les Sociétés d'habitation à bon marché.

La Loi du 12 Avril 1906 étendit encore la portée de la loi de 1894. Le but de cette dernière était d'encourager « la construction de maisons salubres et à bon marché, soit par des particuliers ou des Sociétés en vue de les louer ou de les vendre à des personnes peu fortunées, notamment à des travailleurs vivant principalement de leur salaire, soit par les intéressés eux-mêmes pour leur usage personnel. »

Il n'est désormais plus nécessaire que les personnes désirant bénéficier de la loi ne soient propriétaires d'aucune maison; il suffit maintenant qu'elles soient peu fortunées.

La Loi du 12 Avril 1906 a donc élargi le champ d'action de la Loi de 1894. Elle a étendu aussi l'exonération de l'impôt sur le revenu des actions et des obligations des Sociétés.

Il n'est plus besoin que les titres d'action ou les parts d'intérêts soient nominatifs, et que, de plus, le total des versements de chaque actionnaire ne dépasse pas 2.000 francs. Sans restriction aucune, les actions ou les parts d'intérêts des Sociétés de construction ou de crédit sont exonérées de l'impôt sur le revenu des valeurs mobilières.

Sous l'empire de la Loi du 30 Novembre 1894, les Sociétés de construction et de crédit étaient soumises pour leurs titres d'actions ou d'obligations au droit de timbre.

En cas d'émissions nouvelles d'actions après réduction du capital social, les droits exigibles restaient les mêmes, tant que le capital social précédemment soumis à l'abonnement n'était pas dépassé.

Ces dispositions furent abrogées, et la Loi de 1906 exonéra d'une façon absolue du droit de timbre les titres d'obligations et d'actions. La Loi de 1906 étendit aussi le bénéfice du paiement fractionné des droits de mutation à l'acquisition des jardins d'une superficie de cinq ares au plus, attenant aux constructions ou aux jardins de dix ares au plus non attenant aux constructions, et possédés dans les mêmes localités et par les mêmes propriétaires.

Cette Loi porta enfin à 12 ans la durée de l'exemption d'impôt foncier et de la contribution des portes et fenêtres.

A côté du mouvement en faveur des habitations à bon marché, deux lois, l'une du 10 Avril 1908, l'autre du 19 Mars 1910, encouragèrent l'accession à la petite propriété et aux petites exploitations rurales. Une loi du 23 Décembre 1912 créa, sous le nom d'Offices Publics d'Habitations à Bon Marché, des organismes spéciaux « ayant pour objet exclusif l'aménagement, la construction et la gestion d'immeubles salubres régis par la Loi du 12 Avril 1906, ainsi que l'assainissement de maisons existantes, la création de cités-jardins ou de cités ouvrières. »

Ce rapide exposé montre déjà combien la question des habitations à bon marché avait intéressé le législateur et explique la nécessité où il se trouva, dès 1922, de réunir, en un seul texte, la Loi du 5 Décembre 1922, les privilèges épars qui étaient accordés à ces habitations.

Cette classification pourtant, a perdu elle-même de sa valeur par les modifications qui lui ont été apportées, et nous ne nous y arrêterons pas longtemps.

Divisée en 10 Titres, la Loi du 5 Décembre 1922 contient 87 Articles.

Le Titre I" définit le but de la Loi et ses conditions d'application.

Le Titre II définit les Sociétés d'habitations à bon marché, les offices publics et les Sociétés de crédit immobilier.

Le Titre III est relatif aux diverses subventions de l'Etat, des départements, des communes et des divers établissements qui s'intéressent à la question.

Le Titre IV a trait aux prêts des Sociétés de crédit immo-.bilier aux particuliers et aux Sociétés de construction.

Le Titre V s'intéresse aux logements des familles nombreuses.

Le Titre VI énumère les diverses exemptions fiscales dont bénéficient les habitations à bon marché.

Le Titre VII vise l'organisation, le fonctionnement et le rôle des Comités de Patronage et du Conseil Supérieur des habitations à bon marché.

Le Titre VIII définit les règles spéciales aux habitations à bon marché en matière d'indivision.

Le Titre IX traite les dispositions relatives à des assurances temporaires.

Le titre X, enfin, prévoit l'application et la mise en œuvre de la loi.

Cette loi qui, en 1922, était une codification, présente à l'heure actuelle un intérêt beaucoup moindre. Ce n'est qu'un stade dans l'évolution de la question, stade évidemment qui marque encore un élargissement dans les privilèges accordés par les lois antérieures.

Désormais, tout transfert de propriété à titre gratuit effectué par les communes ou les départements au nom des offices ne donne lieu qu'à la perception d'un droit fixe.

Les inscriptions d'hypothèque prises pour sûreté des prêts

consentis par les Sociétés de crédit immobilier ne sont plus soumises à l'obligation du renouvellement décennal.

Tous ces avantages nouveaux ont eux-mêmes été largement dépassés depuis la Loi du 5 Décembre 1922.

La Loi du 13 Juillet 1925, Art. 321, a donné de nouvelles valeurs locatives maxima.

La Loi du 4 Avril 1926 qui, par son Art. 30, portait de 12 à 15 % le tarif des droits de mutation à titre onéreux des immeubles, a maintenu l'ancien tarif en faveur des personnes peu fortunées bénéficiant des dispositions de la Loi du 5 Décembre 1922, en ce qui concerne les achats d'immeubles effectués en vertu de cette loi.

La Loi du 3 Août 1926 a exempté de la taxe exceptionnelle sur la première mutation les locaux d'habitation construits postérieurement à la promulgation de la loi s'ils sont vendus avant d'être achevés ou dans l'année de leur achèvement.

La Loi des Finances du 19 Décembre 1926 a étendu le bénéfice de cette exemption aux acquisitions immobilières, faites à l'aide des emprunts contractés auprès des Sociétés de crédit immobilier, conformément à l'Art. 19 de la Loi du 5 Décembre 1922.

La Loi du 13 Juillet 1928 a créé de nouvelles exemptions.

A côté d'un vaste programme d'avances et de subventions qui dépasse le cadre de cette étude, elle a exonéré totalement du droit de mutation de 12 % les habitations répondant à diverses conditions. Elle a accordé dans certains cas une réduction de moitié en ce qui concerne le droit de mutation à titre onéreux de terrains à bâtir destinés à l'édification de maisons répondant aux conditions voulues.

La Loi du 30 Décembre 1928 a étendu aux offices publics d'habitations à bon marché, l'exemption accordée aux acquisitions faites par les départements et communes et syndicats de communes dans un but d'intérêt général. Elle a créé dans certains cas de nouveaux maxima de valeur locative.

La Loi du 30 Mars 1929 a modifié le régime de faveur des acquisitions de terrains à bâtir, et apporté de nouvelles modifications aux valeurs locatives maxima.

Ce bref exposé nous donne déjà une idée de l'importance des privilèges dont jouissent les habitations à bon marché.

La difficulté qui se présente maintenant est de choisir un plan. La matière est complexe ; les exemptions fiscales dont bénéficient les habitations à bon marché sont nombreuses et variées. Elles ont trait tantôt à des impôts directs, tantôt à des droits d'enregistrement ; elles s'appliquent tantôt aux individus, tantôt aux collectivités.

Pour la clarté du sujet, nous adopterons le processus suivant :

Chapitre Premier. — Définitions des habitations à bon marché et des divers organismes qui s'intéressent à la question.

Chapitre II. — De l'acquisition ou de la constructoin des habitations à bon marché.

Chapitre III. — De la propriété de ces maisons.

Chapitre IV. — De la formation, du fonctionnement, de la dissolution des sociétés à bon marché et des groupements créés en vue du développement du mouvement en faveur de l'habitation à bon marché.

CHAPITRE PREMIER

Définitions

———

Section Première

MAISONS D'HABITATION A BON MARCHE

L'objet de la Loi du 5 Décembre 1922, dit son Article premier, consiste à encourager la construction de maisons salubres et à bon marché, en faveur de personnes peu fortunées et notamment des travailleurs vivant principalement de leur salaire.

Telle est la définition des maisons d'habitation à bon marché; cette définition se résume en trois conditions.

Les maisons doivent :

1° Etre destinées au logement de personnes peu fortunées ;
2° Avoir été reconnues salubres ;
3° Avoir une valeur locative inférieure à certaines limites.

Premièrement. — Les Maisons doivent être destinées au logement de personnes peu fortunées.

La Loi du 30 Novembre 1894, nous l'avons vu dans l'historique, avait limité le bénéfice de l'exemption, aux personnes qui n'étaient propriétaires d'aucune maison.

La Loi du 12 Avril 1906 a étendu cette notion en la remplaçant par celle de personnes peu fortunées.

La Loi du 5 Décembre 1922 a repris cette expression ;

aucune limite, aucun moyen n'a été donné pour apprécier l'étendue de ce terme vague et imprécis.

En pratique, le fait que la valeur locative de la maison est inférieure au maximum légal est suffisant, pour que son propriétaire puisse être considéré comme une personne peu fortunée.

Il n'en serait pas ainsi toutefois si cette maison n'était pas l'habitation principale de l'intéressé, et le bénéfice de l'exemption serait certainement retiré à une personne voulant construire un pied à terre ou une maison de campagne, sous le couvert des lois sur les habitations à bon marché.

Les Comités de Patronage et les Sociétés de construction et de crédit sont d'ailleurs bien placés pour examiner l'application de cette condition et débouter les personnes qui ne semblent pas répondre aux intentions du législateur.

Ils ont même la faculté de faire retirer le bénéfice de l'exemption aux personnes qui, par la suite, cesseraient d'être peu fortunées, sous réserve toutefois pour celles-ci d'en appeler de cette décision et de soutenir leurs allégations devant les Tribunaux.

Une difficulté peut se présenter dans le cas où la maison n'est pas exclusivement destinée à l'habitation.

Si elle est entièrement destinée au commerce, la question ne se pose pas, et l'impôt foncier est dû.

Si elle est destinée en majeure partie au commerce, il en est de même et elle ne saurait bénéficier de l'exemption, alors même que certains de ses logements rempliraient toutes les conditions requises pour bénéficier de l'exemption (en ce sens, arrêté 4342 du 12 Décembre 1910, Dame Blondeau, Haute-Vienne).

L'exemption, au contraire, doit être accordée du moment que la destination principale de l'immeuble est l'habitation,

mais à concurrence seulement des parties de cet immeuble
dont l'affectation répond aux exigences de la loi.

L'affectation temporaire et accessoire d'une partie de maison à un commerce ne ferait même pas perdre à cette partie
de maison le bénéfice de cette exemption (en ce sens, arrêté
Poupart, Marn, du 28 Décembre 1928).

Deuxième condition. — Salubrité. Comités de Patronage.

Les Comités de patronage, prévus à l'Article 15 de la Loi
du 5 Décembre 1922, sont chargés de vérifier la salubrité des
maisons et des logements appelés à bénéficier des avantages
accordés par la loi.

Ce contrôle est d'ailleurs le principal rôle de ces Comités.
Siégeant au chef-lieu de chaque département, ils comprennent de neuf à quinze membres nommés pour trois ans par
le Conseil général, ou choisis après avis du Comité permanent du Conseil Supérieur des habitations à bon marché.

En fait de contrôle de la salubrité, ils vérifient aussi bien
la grandeur, le nombre et la disposition des pièces des habitations que le respect des mesures d'hygiène.

Les intéressés sollicitent de ces comités un certificat de
salubrité ; si cette demande est restée sans effet et, si les
comités n'ont pas délivré ce certificat dans les trois mois
de la requête, les sollicitants sont fondés à se pourvoir devant
le Ministre de l'Hygiène et de la Prévoyance Sociale qui sta-
tuera après avis du Préfet et du Comité permanent (un arrêté
Boulard, Landes, du 14 Janvier 1916, a reconnu le droit à
l'exemption à un propriétaire qui, à défaut de production
du certificat de salubrité dans les délais, a justifié des dili-
gences qu'il a faites en temps utile pour l'obtenir).

A défaut de certificat, cette justification est suffisante,
mais un simple permis d'habiter délivré par le bureau d'hy-

giène d'une ville ne saurait donner droit à l'exemption. (Arrêté Société Immobilière de la Loire, Loire, du 4 Août 1916).

Troisième condition. — Valeur locative :

Pour l'étude de cette condition, il convient de distinguer entre les maisons individuelles et les maisons collectives.

Maisons collectives :

On entend par maisons collectives des habitations comprenant plusieurs logements distincts et occupés séparément par des ménages différents. Il en résulte que le propre de la maison collective est d'être louée.

Une maison individuelle, au contraire, ne comporte, qu'un logement unique occupé par une famille.

La composition des logements collectifs et les maxima de leur valeur locative avaient été arrêtés dans un tableau par la Loi du 31 Décembre 1921, article 142.

Ce tableau comprenait une classification des communes qui n'existe plus à l'heure actuelle. La Loi du 13 Juillet 1925 puis la Loi du 30 Décembre 1928 ont modifié ce tableau qui maintenant peut se présenter comme suit :

Pour les logements de plus de trois pièces, les chiffres de la colonne 2 sont augmentés d'un cinquième par pièce supplémentaire, de neuf mètres superficiels au moins, à la condition cependant que les logements de quatre pièces, par exemple, soient attribués à une famille comprenant au moment de l'entrée en jouissance, au moins six (6) personnes dont quatre enfants ou Pupilles de la Nation, âgés de moins de seize ans.

DESIGNATION	LOGEMENTS COMPRENANT						
	3 pièces habitables ou plus de 9 mètres superficiels au moins, avec cuisine et w.-c. et ayant une superficie totale d'habitation de 45 mètres carrés au moins entre les murs et cloisons		2 pièces habitables de 9 mètres superficiels au moins, avec cuisine et w.-c. et ayant une superficie totale d'habitation de 35 mètres carrés au moins entre les murs et cloisons		1 pièce habitable de 9 mètres superficiels au moins avec cuisine et w.-c. et ayant une superficie totale d'habitation de 25 mètres carrés au moins entre les murs et cloisons		1 chambre isolée de 9 mètres superficiels au moins et ayant une superficie totale d'habitation d'au moins 15 mètres carrés entre les murs et cloisons
	Cuisine (1) d'au moins 18 m².	Cuisine (1) de moins de 18 m²	Cuisine (1) d'au moins 15 m²	Cuisine (1) de moins de 15 m²	Cuisine (1) d'au moins 10 m²	Cuisine (1) de moins de 10 m²	Francs
	Francs	Francs	Francs	Francs	Francs	Francs	
1° Immeubles non situés dans la Ville de Paris ou dans sa Banlieue telle qu'elle est définie ci-dessous.	1.274	1.092	1.019	873	764	655	386
2° Immeubles situés dans la Ville de PARIS et Banlieue de la Ville de PARIS dans un rayon de 30 km. à compter du point de départ du kilométrage des routes nationales	1.529	1.310	1.274	1.092	892	764	436

(1) Peut être comprise comme faisant corps avec la cuisine une petite alcôve de 3 à 6 mètres carrés destinée au logement des appareils et ustensiles de cuisine.

De même, les logements de plus de quatre pièces ne peuvent être attribués qu'aux familles comprenant par pièce supplémentaire un nombre de personnes supérieur de deux au minimum ci-dessus; un logement de cinq pièces ne pourra abriter moins de huit personnes, un logement de six pièces moins de dix personnes, etc...

Pour le calcul de ces majorations, il ne faut pas tenir compte de la superficie des cuisines, mais les baser sur les chiffres de la colonne deux.

La Loi du 30 Mars 1929 a encore permis une extension à ces maxima.

Les maxima de valeur locative prévus par l'article 2 de la Loi du 5 Décembre 1922 peuvent être relevés, à titre exceptionnel, et dans certaines localités, par un décret pris sur la proposition du Ministre du Travail et du Ministre des Finances après avis favorable du Comité permanent du Conseil Supérieur des habitations à bon mrché.

Les maxima ainsi fixés par décret ne pourront être modifiés à nouveau avant l'expiration d'un délai d'un an.

Ils ne s'appliqueront qu'aux maisons mises en construction postérieurement à leur fixation.

En aucun cas, ces maxima ne pourront dépasser les maxima prévus par l'rticle 2 de la Loi du 5 Décembre 1922, augmentés d'un quart.

Détermination de la valeur locative

En matière de maisons collectives, on ne parle que de valeur locative. Que faut-il entendre par valeur locative ? Il faut entendre le prix du loyer réel. Ce prix est égal au loyer lui-même augmenté des charges dont le loctaire n'est pas légalement tenu : réparations qu'il fait à la place du propriétaire, prestations en nature dont il se charge pour lui, ou denrées qu'il lui fournit. S'il faut pour obtenir la valeur locative ajouter ces charges au loyer, il est cependant une catégorie de charges qui font exception, ce sont les charges de salubrités : eau vidange, écoulements, assurances contre la vie et contre l'incendie, etc...

Telle est la valeur locative sur laquelle il faut s'appuyer.

Maisons individuelles :

Pour les maisons individuelles, le législateur n'a pas établi de tableau des valeurs locatives ; il s'est contenté d'indiquer que les maxima seraient égaux à ceux donnés pour les maisons collectives, majorés d'un cinquième et comme base de ces valeurs locatives il a donné le forfait de 4 % du prix de revient des maisons. (Loi du 5 Décembre 1922, article 2).

Une question posée par M. Antoine, Député (Journal Officiel du 14 Novembre 1929, Débats Chambre, p. 2130, 1" et 2ᵉ col.), a montré l'importance que le législateur apportait à cette évaluation.

Il s'agissait d'une maison individuelle achetée sitôt après son achèvement pour un prix inférieur à son prix de revient.

La réponse affirma qu'on devait s'appuyer, pour le calcul de la valeur locative, sur le prix de revient et que le fait que l'immeuble avait été acheté pour un prix inférieur à ce prix n'était pas de nature à justifier une dérogation à ce mode d'évaluation imposé par la loi elle-même.

Ce prix de revient comprend outre le prix de revient de la construction elle-même, le prix d'achat du terrain, recouvert par la maison ou plutôt entouré par les bâtiments qui composent cette maison.

Par contre, n'entrent pas dans ce prix, les frais de canalisation, d'arrivée d'eau, de gaz et de l'électricité et d'évacuation d'eaux usées et de vidange jusqu'à leur entrée dans la maison ; les appareils d'épuration et de vidange n'entrent pas plus en compte.

Les valeurs locatives et le prix de revient ainsi définis doivent être inférieurs aux maxima du tableau ci-contre :

A propos de ce tableau, il convient de faire les mêmes remarques que celles qui ont été faites pour les logements collectifs majoration d'un cinquième par pièce supplémentaire pour les maisons de plus de trois pièces, majoration exceptionnelle prévue par la loi du 30 Mars 1929, alcôve de trois à six mètres faisant corps avec la cuisine.

Habitations à loyer moyen

A côté des maisons collectives et individuelles, il existe une troisième catégorie d'habitations à bon marché : les habitations à loyer moyen.

Ces habitations présentent avec les maisons individuelles et collectives beaucoup d'analogie et leur importance, si elle est moindre que celle de ces dernières, n'est cependant pas négligeable.

Créées par le Titre II de la Loi du 13 Juillet 1928, les habitations à loyer moyen doivent répondre aux mêmes conditions que les autres habitations à bon marché, seuls les maxima varient.

Elles peuvent être collectives ou individuelles.

Leur prix de revient peut être limité aux 7/4 des maxima prévus pour les maisons individuelles ; leur valeur locative ne peut dépasser le produit par 3,6 de la valeur locative maxima des autres maisons individuelles ou collectives.

Elles bénéficient par ailleurs des majorations pour pièces supplémentaires et pour cuisine de 18, 15 ou 10 mètres au moins et nous aurons par la suite l'occasion de les rapprocher de nouveau des autres maisons d'habitation à bon marché.

DESIGNATION	MAISONS COMPRENANT						
	3 pièces habitables ou plus de 9 mètres superficiels au moins, avec cuisine et w.-c. et ayant une superficie totale d'habitation de 45 mètres carrés au moins entre les murs et cloisons		2 pièces habitables de 9 mètres superficiels au moins, avec cuisine et w.-c. et ayant une superficie totale d'habitation de 35 mètres carrés au moins entre les murs et cloisons		1 pièce habitable de 9 mètres superficiels au moins avec cuisine et w.-c. et ayant une superficie totale d'habitation de 25 mètres carrés au moins entre les murs et cloisons		1 chambre isolée de 9 mètres superficiels au moins et ayant une superficie totale d'habitation d'au moins 15 mètres carrés entre les murs et cloisons
	Cuisine (1) d'au moins 18 m².	Cuisine (1) de moins de 18 m²	Cuisine (1) d'au moins 15 m²	Cuisine (1) de moins de 15 m²	Cuisine (1) d'au moins 10 m²	Cuisine (1) de moins de 10 m²	Francs
1° Immeubles non situés dans la Ville de Paris ou dans sa Banlieue telle qu'elle est définie ci-dessous.	Francs	Francs	Francs	Francs	Francs	Francs	
	Valeur loc.	Valeur loc.	Valeur loc.	Valeur loc.	Valeur loc.	Valeur loc.	Valeur locative
	1.529	1.310	1.223	1.048	917	785	463
	Prix revient	Prix revient	Prix revient	Prix revient	Prix revient	Prix revient	Prix de revient
	38.205	32.750	30.565	26.200	22.940	19.650	11.575
2° Immeubles situés dans la Ville de PARIS et Banlieue de la Ville de PARIS dans un rayon de 30 km. à compter du point de départ du kilométrage des routes nationales	Valeur loc.	Valeur loc.	Valeur loc.	Valeur loc.	Valeur loc.	Valeur loc.	Valeur locative
	1.834	1.572	1.529	1.310	1.089	917	523
	Prix revient	Prix revient	Prix revient	Prix revient	Prix revient	Prix revient	Prix de revient
	45.850	39.300	38.200	32.750	27.225	22.925	13.075

(1) Peut être comprise comme faisant corps avec la cuisine une petite alcôve de 3 à 6 mètres carrés destinée au logement des appareils et ustensiles de cuisine.

SECTION II

LES SOCIETES D'HABITATION A BON MARCHE. — LES OFFICES PUBLICS. — LES FONDATIONS.

Les particuliers peuvent eux-mêmes construire ou acheter des habitations répondant aux conditions requises, mais le mouvement n'aurait jamais atteint l'ampleur qu'il a pris, si le législateur n'avait donné à ces collectivités des facilités qui leur permettent de grouper des capitaux et d'entreprendre en grand ce que les initiatives privées ne pouvaient faire. C'est ainsi que sont apparues les Sociétés d'habitations à bon marché, les Sociétés de Crédit immobilier, les Offices publics d'habitations à bon marché, et les Fondations.

Ces groupements, d'ailleurs, sont soumis, eux aussi, à des conditions d'existence et de fonctionnement que leur définition va nous permettre d'étudier.

1° *Les Sociétés d'habitation à bon marché*

Ces Sociétés, qu'on appelle Sociétés de construction et de crédit ont pour but de construire des maisons pour les exploiter elles-mêmes ou les vendre, ou de prêter des capitaux aux particuliers qui en sollicitent. Elles revêtent tantôt le caractère de sociétés anonymes, tantôt le caractère de sociétés à capital variable. A ce point de vue, elles rentrent dans le droit commun, et les seuls points intéressants sont les conditions que la loi exige d'elles pour les faire bénéficier des avantages que nous verrons par la suite. Ces conditions sont les suivantes :

1° Les sociétés doivent avoir pour objet exclusif l'acquisition, la construction, la vente ou la location d'habitations salubres et à bon marché ainsi que de leurs dépendances ou annexes telles que jardins, bains et lavoirs, soit l'amélioration et l'assainissement de maisons existantes et la vente ou la location de jardins formant dépendances des habitations, soit l'achat d'immeubles destinés à ces usages.

2° Leurs dividendes doivent être limités à 4 %.

3° Leurs statuts ainsi que toutes les modifications qui y seront apportées doivent être approuvés par le Ministre de l'Hygiène et de la Prévoyance Sociale. Cette approbation est donnée après avis du Comité de patronage et du Conseil Supérieur des Habitations à Bon Marché institué par l'article 80 de la Loi du 5 Décembre 1922.

Sont toutefois dispensées de ces avis les sociétés qui prennent comme statuts, les statuts types arrêtés par le Ministre. Cette condition est formelle et cette approbation n'est pas permanente. Elle peut être retirée, notamment si la société cesse de répondre à la première condition et si elle s'occupe de la construction, de l'achat ou de la vente de maisons qui n'entrent pas dans le cadre des habitations à bon marché. Remarquons en passant que ces sociétés peuvent être autorisées par décision du Ministre du Travail et de la Prévoyance Sociale à construire des habitations à loyer moyen. (Article 24 de la Loi du 13 Juillet 1928).

4° Elles doivent, dans les trois mois qui suivent la clôture de chaque exercice, adresser, par l'intermédiaire du Préfet au Ministre du Travail et de la Prévoyance Sociale qui le communique au Comité permanent, un compte-rendu de l'Assemblée générale de clôture de l'exercice.

5° A la dissolution de ces sociétés, l'Assemblée générale chargée de la liquidation ne pourra, après payement du passif et remboursement du capital, attribuer la portion d'actif dépassant la moitié du capital versé qu'à des sociétés d'habitations à bon macrhé, après approbation du Ministre du Travail et de la Prévoyance Sociale et avis du Conseil Supérieur des Habitations à Bon Marché.

Le nombre des conditions requises montre assez le soin qu'a pris le législateur pour écarter les sociétés étrangères à la question.

La Loi du 5 Décembre 1922, d'ailleurs, pour réprimer la concurrence déloyale, interdit, à toute société non approuvée par le Ministre, de prendre le nom de Société d'habitations à bon marché, sous peine d'une amende de 25 à 3.000 francs et d'un emprisonnement de 1 à 3 mois pour ses fondateurs et ses Administrateurs.

2° *Sociétés de Crédit immobilier*

Différentes par leur but des sociétés de construction et de crédit, les sociétés de crédit immobilier en diffèrent aussi par leur forme et par une partie de leurs conditions d'existence.

1° Elles ne peuvent revêtir que la forme nominative et leur capital social ne doit pas être inférieur à 100.000 francs.

2° Elles ont pour objet : 1° de consentir aux bénéficiaires de la législation des habitations à bon marché des prêts hypothécaires individuels destinés à l'acquisition de champs ou jardins, soit à l'acquisition ou à la construction de maisons individuelles à bon marché ; 2° de faire des avances aux sociétés auxquelles la législation sur la matière les autorise à consentir des prêts.

3° Le taux des prêts qu'elles consentent ne doit pas dépasser 3,50 % pour les prêts aux particuliers, 3 % pour les prêts aux sociétés anonymes de construction et de crédit, 2,50 %

pour les prêts aux sociétés coopératives de construction et de crédit.

4° Leurs dividendes doivent être inférieurs à 4 %.

5° La même règle qu'en matirèc de sociétés de construction et de crédit doit être suivie en cas de dissolution.

Comme les sociétés de construction et de crédit, les sociétés de crédit immobilier doivent soumettre leurs statuts à l'approbation du Ministre du Travail et de la Prévoyance Sociale. Elles ne peuvent, à défaut de cette formalité, prendre le nom de sociétés de crédit immobilier sous les mêmes peines que celles applicables aux sociétés d'habitation et de crédit. A la différence de ces dernières, elles peuvent consentir des prêts hypothécaires en vue de l'acquisition ou de la construction d'habitations à loyer moyen sans être soumises à l'autorisation ministérielle (article 25 de la loi du 13 Juillet 1928).

3° *Les Offices Publics d'Habitations à Bon Marché*

Les offices publics d'habitations à bon marché sont des établissements publics créés dans les communes ou au chef-lieu des départements par un décret rendu en Conseil d'Etat. Ils ont le même but et peuvent effectuer les mêmes opérations que les sociétés d'habitations à bon marché. Pour atteindre ce but, ils reçoivent des subventions, des dons, des legs et peuvent contracter des emprunts. Ce sont des établissements publics et, comme tels, ils ne sont soumis à aucune des conditions que nous venons de voir pour les sociétés. Leur constitution régulière suffit pour les faire bénéficier de tous les avantages que le législateur leur a accordés sous réserve toutefois qu'ils maintiennent le but de leurs opérations dans le cadre donné aux sociétés.

4° *Fondations d'Habitations à Bon Marché*

Les fondations sont des œuvres de bienfaisance créées à l'aide de capitaux donnés ou légués et ayant pour but de construire ou de louer des maisons répondant aux conditions prévues par la loi. Pour bénéficier des diverses exemptions que nous allons voir, elles sont soumises à la reconnaissance d'utilité publique.

CHAPITRE II

De l'Acquisition et de la Construction des Maisons d'Habitation à Bon Marché

Nous avons défini les maisons d'habitation à bon marché. Pour suivre la marche naturelle des exemptions dont elles bénéficient, nous allons commencer par étudier les privilèges que rencontre le propriétaire de ces maisons quand il les construit ou quand il les achète.

Dans une Section première, nous envisagerons l'acquisition des terrains à bâtir : droit de mutation ordinaire, taxe sur la première mutation.

Une deuxième Section sera consacrée à l'achat des maisons elles-mêmes : droit de mutation ordinaire, taxe sur la première mutation.

Dans une troisième Section, nous étudierons deux privilèges qui existent depuis les premiers temps de la législation fiscale des habitations à bon marché : le privilège du paiement fractionné et celui de la résolution volontaire ou judiciaire des contrats de vente de maisons individuelles.

SECTION PREMIÈRE

DROIT DE MUTATION SUR LES ACQUISITIONS DE TERRAIN A BATIR

§ I. — DROIT DE MUTATION PROPREMENT DIT

Si le législateur s'est occupé de bonne heure de l'achat et de la vente des maisons d'habitation à bon marché individuelles ou collectives, il a mis plus de temps à s'intéresser aux acquisitions de terrains à bâtir. Il est revenu de cette erreur et depuis 1928, il a fait un grand pas pour faciliter ces acquisitions.

L'Art. 37 de la Loi du 13 Juillet 1928 a accordé une réduction du droit de mutation à titre onéreux à certaines acquisitions de terrains à bâtir destinés à l'édification de maisons d'habitation à bon marché.

Cette réduction est de moitié et le taux du droit de mutation applicable lors de la promulgation de cette loi étant de 15 %, le droit de mutation était donc ramené de 15 à 7,5 % ; il pouvait même être ramené à 6 % en faveur des personnes peu fortunées, déclarant dans leur acte d'acquisition vouloir construire une maison d'habitation à bon macrhé pour l'habiter elles-mêmes.

La Loi du 30 Juillet 1929, Art. 2, ayant réduit le taux du droit de mutation de 15 à 12 %, on pourrait se demander si le droit de mutation réduit doit être maintenu à 7,5 % et 6 %, ou ramené uniformément à 6 %.

La distinction d'ailleurs entre les bénéficiaires des tarifs de 7,5 et 6 % était assez subtile sous l'empire de la Loi du 13 Juillet 1928. Pour que le taux de 7,5 % fût applicable, il fallait qu'il s'agisse de maisons collectives ou à loyer moyen, ou bien que l'acquéreur ait omis dans l'acte de déclarer son intention d'habiter lui-même la maison qu'il voulait acquérir ; car, le fait que cette maison répondait aux conditions exigées des habitations à bon marché impliquait un acquéreur peu fortuné ayant l'intention de l'habiter lui-même.

La Loi du 13 Juillet 1928 a été suivie des lois des 30 Décembre et 30 Mars 1929 qui ont accordé la réduction à l'acquisition de tous les terrains destinés à la construction de maisons d'habitation.

Depuis la Loi du 30 Juillet 1929 qui a ramené le taux du droit de mutation de 15 à 12 %, le tarif réduit applicable à toutes les acquisitions de terrains se trouve donc être de 6 %. Il convient cependant de signaler une légère nuance entre le tarif de 6 % applicable aux terrains destinés à la construction de maisons d'habitation à bon marché, et le tarif de 6 % applicable aux acquisitions de terrains destinés à la construction des autres maisons d'habitation.

Le premier est un droit avec décimes. C'est l'ancien droit de 12 % antérieur à la Loi du 4 Avril 1926, tandis que le second est un droit sans décimes.

La distinction peut paraître un peu subtile ; elle n'en présente pas moins un certain intérêt au point de vue pénalités.

Le droit en sus exigible par suite d'insuffisance de prix, par exemple, est pour le droit de 6 %, avec décimes, égal à ce droit majoré par 2 décimes 1/2. Il est donc de 7,5 %, comme ayant déjà subi 2 décimes, tandis que le droit en sus du second est égal à 6 % plus 5 décimes, ce qui fait 9 %.

Cette distinction méritait d'être signalée.

Les lois du 30 Décembre 1928 et du 30 Mars 1929 qui ont étendu le bénéfice de la réduction de moitié aux acquisitions de terrains à bâtir, quels qu'ils soient, sortent du cadre de cette étude, comme ne visant pas exclusivement les maisons d'habitations à bon marché.

L'exemption qu'elles édictent, d'ailleurs, comme nous le verrons par la suite, n'a pas une portée aussi générale que celle de la loi du 13 Juillet 1928.

Conditions d'application de la réduction accordée
par la Loi du 13 Juillet 1928

L'application du tarif réduit est subordonné à trois conditions :

1° L'acte constatant l'acquisition devra être enregistré avant le 1ᵉʳ Juillet 1931.

2° Cet acte devra contenir la déclaration que le terrain est destiné à la construction d'habitations répondant aux prescriptions de la loi nouvelle.

3° Les maisons devront être construites avant l'expiration d'un délai de deux ans à compter de la date de l'acte.

La première condition est claire et n'appelle pas de commentaires. Disons seulement que le bénéfice de la loi n'étant pas rétroactif, ne s'appliquait pas aux mutations antérieures à cette loi, bien que présentées à la formalité de l'enregistrement après sa promulgation.

2° L'acte doit contenir la déclaration que le terrain est destiné à la construction d'habitations répondant aux prescriptions de la loi. (Habitations à bon marché ou à loyers moyens).

Dans une question posée le 31 Janvier 1929 au Ministre des Finances, M. Boisseau, Député, demandait : « Si un individu ayant fait la déclaration demandée par acte distinct et postérieur était fondé à demander la restitution de la moitié du droit de mutation qui avait été perçu intégralement, lors de l'enregistrement, et si l'Administration ne pourrait ordonner la restitution d'office ou la remsie gracieuse attendu que l'acte avait été rédigé très peu de temps après la promulgation de la loi, et que la pratique de cette loi n'était pas encore courante.

Le Ministre a répondu par la négative à ces deux questions

et rien ne peut. remplacer cette déclaration dans l'acte (Réponse à la question écrite N° 2.773, Journal Officiel du 16 Mars 1929, Débats, Chambre, p. 1.080, col. 2).

3° Les maisons doivent être construites dans les deux ans de la date de l'acte.

C'est aux parties de justifier, dans le mois qui suivra l'expiration du délai de deux ans, de la construction et de la destination à l'habitation de la maison édifiée sur le terrain.

Elles opèrent cette justification au moyen d'un certificat délivré par le Maire de la Commune de la situation de l'immeuble.

Le certificat devra mentionner que la maison est terminée et en mesure d'être habitée.

Aux termes du décret du 18 Septembre 1929, il devra également attester « que cette construction est à usage d'habitation et qu'elle a été édifiée conformément aux lois en vigueur et aux réglements applicables dans la commune. »

A défaut de certificat, les parties, c'est-à-dire l'acquéreur et le vendeur, sont tenus solidairement d'acquitter le complément du droit de mutation, et en outre un droit supplémentaire de 2 % sans décimes.

Ce droit supplémentaire n'est pas une pénalité, mais un complément d'impôt et, comme tel, il n'est pas susceptible d'une remise gracieuse.

Telles sont les seules conditions d'application du tarif réduit de la Loi du 13 Juillet 1928. C'est à ce point de vue d'ailleurs que l'étendue de cette loi est plus large que celle des Lois du 30 Décembre 1928 et 30 Mars 1929. Ces lois ont pour certaines catégories de terrains prévu une autre condition, sous leur empire :

1° Les terrains destinés à la construction de maisons individuelles doivent avoir une superficie inférieure à 3.500 mètres carrés.

2° Les terrains destinés à la construction de maisons col lectives doivent être intégralement couverts par les habitations et leurs cours.

Seuls, les terrains acquis par les Sociétés d'Epargne prévues par le Titre premier de la Loi du 3 Juillet 1913 ne subissent aucune limitation. Cette largeur de vue du 13 Juillet 1928 est peut-être susceptible de donner naissance à des abus; elle a tout au moins le mérite de donner aux habitations à bon marché des facilités que les maisons d'habitation de droit commun n'ont pas.

Etendue de la Réduction

Nous n'avons jusqu'ici envisagé que la réduction du droit de mutation de 13 % (15 %) avant le 31 Juillet 1929), mais la réduction ne se borne pas à ce seul droit, aux termes de l'article 25 de la loi du 30 Septembre 1928, quand il s'agit d'achats pour revendre, le taux de 18 % (aujourd'hui 15 %) tombe à 9 % (aujourd'hui 7,5 %). Lors de la revente du terrain, la nouvelle vente bénéficie également du tarif réduit, au lieu du tarif de 7,5 % (aujourd'hui 6 %), elle ne supporte plus que le taux de 3,75 % (aujourd'hui 3 %).

Cette réduction est soumise aux mêmes conditions que la réduction de droit de 15 %, et si, au bout des deux ans de la date de l'acte la construction n'est pas élevée, le supplément de droit devient exigible, ainsi, d'ailleurs, que le droit complémentaire de 2 %. La réduction de moitié porte également ment sur la surtaxe instituée par l'art. 42 de la Loi du 13 Juillet 1925. Cette loi avait atteint les ventes immobilières dépassant 300.000 francs d'une surtaxe dont le taux variait suivant l'importance des ventes. Pour une vente supérieure à 300.000 francs, et inférieure à 500.000 francs, la surtaxe est de 1 %, plus les décimes, pour la portion de prix comprise entre 300 et 500.000 francs, et elle est de 2 % plus les décimes pour la portion du prix dépassant 500.000 francs. Cette surtaxe se trouve donc ramenée à 0,60 et à 1,20 %, décimes compris. La réduction de moitié, par contre, ne saurait s'appliquer à la taxe exceptionnelle sur la première mutation dont le taux actuel de 5 % reste entièrement exigible.

Nous allons terminer l'étude de la réduction des droits de mutation en citant quelques réponses intéressantes qui ont été faites à des questions ministérielles. Ces questions ont mis au clair des difficultés que le législateur n'a pas prévues, et présentent, à ce point de vue, un caractère indiscutable.

La première question intéressante a été posée comme suit :

Une personne ayant acquis un terrain dans le but de le revendre, et ayant payé, de ce fait, outre la taxe sur la première mutation, un droit d'enregistrement, revend ce terrain à une autre personne dans les délais prévus par l'art. 37 de la Loi du 13 Juillet 1928. Cette dernière déclare dans l'acte acquérir ce terrain en vue d'y faire édifier une maison d'habitation à bon marché, conformément aux prescriptions de la Loi du 13 Juillet 1928, art. 37.

1° Doit-il être perçu, lors de l'enregistrement du second acte, un droit de mutation, le second acquéreur devant bénéficier deux fois de la réduction de moitié du droit simple, soit de la totalité de ce droit ?

2° Dans l'affirmative, quel doit être le montant du droit à percevoir ?

Une réponse (Journal Officiel du 16 Janvier 1929, Débats,

Chambre, p. 103, col. 1 et 2), trancha comme suit la question :

1° Réponse affirmative, la réduction de moitié doit porter sur le droit de mutation exigible, lors de la revente dans les conditions de l'Art. 39 de la Loi du 13 Juillet 1925.

2° Le droit de mutation sera donc égal à la moitié du droit exigible, 7,5%, soit 3,75 % (aujourd'hui 3 %). Toutefois, il sera réduit à 3 %, s'il s'agit d'une acquisition effectuée par une personne peu fortunée bénéficiaire de la Loi du 5 Décembre 1922, qui déclare, dans l'acte, vouloir construire une maison à bon marché pour l'habiter personnellement. (Cette remarque ne présente plus aujourd'hui le même intérêt comme nous l'avons vu).

Une autre question ministérielle va nous permettre d'étudier le principe de la réduction en cas d'échange de terrains :

« Deux personnes qui désirent réciproquement échanger des terrains acquis par elles dans le but de construire une maison d'habitation, et pour lesquels elles ont acquitté le droit de 7,5 %, en vertu de l'art. 37, alinéa premier de la Loi du 13 Juillet 1928, sont-elles tenues de supporter les conséquences envisagées par l'art. 37, alinéa 2 de la dite loi ?

Réponse. — Le seul fait de l'échange envisagé n'aura pas pour effet de rendre immédiatement exigible le complément de droit de mutation et le droit supplémentaire de 2 % prévu par l'art. 37, alinéa 2. Mais chacun des coéchangistes sera tenu de produire, dans le mois qui suivra l'expiration du délai de deux ans, à compter de chaque acte d'achat des terrains ultérieurement échangés, les justifications prescrites par l'alinéa sus-visé. (Réponse à la question écrite N° 5.112

posée par M. Weck, Député ; Chambre, Débats, page 2.948, col. 3).

Taxe sur la première mutation

L'art. 25 de la Loi du 19 Décembre 1926 dispensait de la taxe sur la première mutation les acquisitions immobilières faites à l'aide d'emprunts contractés par des Sociétés de crédit immobilier, conformément à l'art. 19 de la Loi du 5 Décembre 1922.

Cette exemption est-elle applicable aux acquisitions de terrains à bâtir ? Les Lois du 13 Juillet, du 30 Décembre 1928 et du 30 Mars 1929 sont muettes à cet égard. Les Sociétés de crédit immobilier cependant peuvent consentir des prêts pour l'acquisition de ces terrains. D'autre part, l'expression : « Acquisitions immobilières » est très large, et il semble donc normal, vu l'esprit de la législation des habitations à bon marché, d'accorder cette exemption à l'acquisition des terrains à bâtir.

Les conditions d'application de cette exemption sont simples. Il suffit, pour en bénéficier, de justifier que l'acquisition a été réalisée, en partie tout au moins, à l'aide d'un emprunt consenti par une Société de crédit immobilier. Nous disons : en partie tout au moins, car il n'est pas nécessaire que l'acquéreur ait emprunté la totalité de son prix d'achat. Mais si l'emprunt ne sert à acquitter qu'une partie du prix, cette fraction seule est exonérée de la taxe (Cour d'Enregistrement du Centre d'Instruction des Surnuméraires, 1928-1929, par M. Madebène, Inspecteur Principal de l'Enregistrement, p. 76). Ajoutons, pour finir, que cette exemption est provisoire, qu'elle ne s'applique pas aux immeubles eux-mêmes, mais au fait que leur acquisition a été réalisée au moyen d'un emprunt contracté à une Société de crédit immobilier. Si, par la suite, les mêmes immeubles sont revendus, ils supporteront la taxe dont ils ont été exemptés, s'ils ne répondent plus aux conditions posées par la Loi du 19 Décembre 1926.

SECTION II

DROIT DE MUTATION
EN MATIERE D'ACHATS ET DE VENTES DE MAISONS
D'HABITATION A BON MARCHE

La Loi du 4 Avril 1926, art. 30, avait maintenu, en faveur des acquisitions et des ventes de maisons d'habitation à bon marché, le tarif de 12 %, alors qu'elle élevait par ailleurs ce tarif à 15 %. Cette faveur a perdu de son intérêt depuis la Loi du 13 Juillet 1928 qui, par son art. 16, a exempté totalement du droit de mutation certaines acquisitions de maisons d'habitation à bon marché. Sous l'empire de cette loi, néanmoins, le tarif de 12 % trouvait encore son application. Il en a été ainsi jusqu'à la Loi du 31 Juillet 1929 qui, en abaissant le taux du droit de mutation de 15 à 12 %, a amené l'ancien tarif de faveur au niveau du tarif de droit commun, sous réserve toutefois de l'observation que nous avons faite au début de l'étude des droits de mutation des terrains à bâtir. (Le nouveau droit étant un droit sans décimes, le droit en sus exigible en cas de pénalité est de 18 %, tandis que le droit en sus de l'ancien droit ne s'élève qu'à 15 %). En étudiant l'exemption totale du droit de 12 %, nous aurons l'occasion de dire dans quels cas l'ancien tarif de 12 % est encore applicable. Nous étudierons ensuite l'exemption de la taxe sur la première mutation dont bénéficient certaines acquisitions.

1° *Exemption du Droit de mutation proprement dit*

Aux termes de l'art. 16 de la Loi du 13 Juillet 1928, les bénéficiaires du Titre premier de la présente loi qui achèteront des maisons individuelles ou des logements pour les occuper personnellement dans un délai maximum de deux ans après l'achèvement de leur construction, ou dans un délai de deux ans après la promulgation de la présente loi pour les maisons construites avant cette promulgation, seront exonérés du droit proportionnel de 12 % fixé par la Loi du 4 Avril 1926.

Conditions d'application

Les conditions requises pour le bénéfice de cette exemption comprennent d'abord les conditions générales requises des maisons d'habitation à bon marché. Ces conditions, que nous avons développées dans la première partie, ont trait :

1° Au nombre et à la superficie des pièces des habitations et à leur état de salubrité ;

2° A la valeur locative de ces habitations, ou à leur prix de revient ;

3° A la situation de fortune des propriétaires.

Nous ne reviendrons pas sur ces conditions. Disons seulement que les justifications relatives au caractère de l'habitation et à la fortune du propriétaire ne sont pas exigées.

1° Lorsque l'acquisition est réalisée au moyen de fonds provenant d'un prêt consenti par application de la législation sur les habitations à bon marché.

2° Lorsque les acheteurs peuvent établir qu'ils ont obtenu, en vue de leur acquisition, des avances ou des subventions prévues par le Iitre premier de la Loi du 13 Juillet 1928.

Dans ces deux cas, en effet, la réalisation de ces conditions est évidente, car l'obtention de ces prêts, avances ou subventions, a déjà nécessité une surveillance attentive des organismes chargés de les accorder.

De même, les justifications relatives au nombre des pièces et à la salubrité, ainsi qu'à la valeur locative et vénale de l'habitation, n'auront pas à être exigées des personnes peu fortunées qui établiront, qu'à la date de la mutation, l'immeuble est exempt d'impôt foncier, par application de la Loi du 5 Décembre 1922 ou du Titre premier de la Loi du 13 Juillet 1928.

Les seules conditions particulières ont trait à la date de la construction de la maison.

L'acquisition doit être passée dans les deux ans de l'achèvement de la construction ou dans les deux ans de la promulgation de la loi, si cet achèvement était antérieur à la promulgation. Pour les maisons construites postérieurement à la promulgation de la loi, il suffit de justifier que la maison est achevée depuis moins de deux ans. Cette justification est opérée au moyen d'un certificat émanant du Maire de la situation de l'immeuble. Pour les maisons terminées avant la promulgation de la loi, les acquéreurs bénéficient pendant deux ans, à compter de la promulgation, de l'exemption totale du droit de mutation.

A défaut de l'une de ces conditions, le tarif de 12 % est applicable. Le tarif sera celui de droit commun ou le tarif de 12 % avec décimes, suivant qu'il s'agira de maisons d'habitation ordinaires ou de maisons d'habitation à bon marché. Ce dernier sera par exemple applicable quand l'acte de vente aura été passé plus de deux ans après l'achèvement de la construction, si cet achèvement est postérieur à la promulgation et plus de deux ans après la promulgation si l'achèvement lui est antérieur.

Etendue de l'exemption

A l'exclusion des habitations à loyer moyen, l'exemption est applicable à l'acquisition de toutes les habitations à bon marché. Elle s'applique aussi bien aux acquisitions faites par des particuliers qu'aux acquisitions des Sociétés ou même des Offices publics d'habitations à bon marché, et aux maisons individuelles comme aux maisons collectives. Cette exemption cependant n'est pas aussi complète qu'elle pourrait le paraître, car elle ne comprend pas la dispense de la taxe sur la première mutation. Ce fait est peut-être paradoxal, mais il n'en est pas moins exact ; à défaut de droit de mutation, la taxe de 5 % est exigible, à moins toutefois que l'acquisition ne rentre dans les cas d'exemption de cette taxe que nous allons voir immédiatement.

Exemption de la Taxe exceptionnelle
sur la première Mutation

Les récentes Lois des 13 Juillet et 30 Décembre 1928 et du 30 Mars 1929, n'ont rien innové quant aux prescriptions de la Loi du 19 Décembre 1926. En principe, les acquisitions des maisons d'habitation à bon marché sont passibles de cette taxe. Seules en sont dispensées les acquisitions de locaux d'habitation prévues par l'article 18 de la Loi du 3 Août 1926, et les acquisitions immobilières répondant aux conditions requises par l'article 25 de la Loi du 19 Décembre 1926.

Acquisitions prévues par la Loi du 3 Août 1926

Cette exception ne vise pas uniquement les maisons d'habitation à bon marché ; mais ces dernières, y compris les habitations à loyer moyen, sont appelées à en bénéficier. L'art. 18 de la Loi dispense de la taxe les locaux d'habitation qui seront construits postérieurement à la promulgation de la loi, s'ils sont vendus avant d'être achevés, ou dans l'année de leur achèvement. Cette dispense s'applique à toutes les ventes « de maisons construites postérieurement à « la promulgation de la loi, soit par des particuliers, soit « par des Sociétés d'habitations à bon marché ou de crédit « immobilier. » (Déclaration du Président du Conseil, Ministre des Finances, aux tribunes de la Chambre et du Sénat ; Séances des 1″ et 3 Août 1926, Journal Officiel du 1″ Août, Ch., Débats, p. 3.103, et 4 Août, Sénat, Débats, p. 1466) sous la seule condition que ces ventes soient réalisées avant l'achèevement de la construction ou dans l'année qui suivra l'achèvement. Comme justification, les parties devront fournir un certificat du Maire, attestant qu'il s'agit d'immeubles construits après la promulgation de la loi, et que la construction n'est pas achevée, ou l'est depuis moins d'un an.

Exemption de la Loi du 19 Décembre 1926

L'art. 25 de cette loi dispense de la taxe sur la première mutation les acquisitions immobilières faites à l'aide d'emprunts contractés auprès de Sociétés de crédit immobilier, conformément à l'art. 19 de la Loi du 5 Décembre 1922 sur les habitations à bon marché.

L'art. 19 de cette loi définit l'objet des Sociétés de crédit immobilier qui consiste, dit-elle:

1° A consentir, aux emprunteurs remplissant les conditions prévues par la présente loi, des prêts hypothécaires individuels, destinés, soit à l'acquisition de champs ou jardins dans les termes indiqués à l'art. 46, soit à l'acquisition ou à la construction de maisons individuelles à bon marché ;

2° A faire des avances aux Sociétés d'habitations à bon marché constituées selon la présente loi pour celles de leurs opérations effectuées en conformité au paragraphe précédent ;

3° A consentir dans les conditions prévues par la loi aux personnes visées à l'art. 51 ci-après, ainsi qu'aux personnes qui ont été énumérées dans l'art. 1" de la Loi du 9 Avril 1918, des prêts hypothécaires pour leur faciliter l'acquisition, l'aménagement, la transformation et la reconstitution des petites exploitations rurales dont la valeur n'excède pas 40.000 francs, quelle qu'en soit la surface.

Etendue de l'exemption

Nous avons, au sujet des acquisitions de terrains à bâtir, interprété largement le texte de la Loi du 19 Décembre 1926. En matière d'acquisitions de maisons individuelles, la question ne se pose pas. Il en est de même pour les maisons collectives auxquelles la Loi du 13 Juillet 1928 a étendu les privilèges qu'elle accordait aux maisons individuelles (exemption du droit de mutation, par exemple). En ce qui concerne les habitations à loyer moyen, la question est plus ouverte. Aucun texte ne leur étend le bénéfice de cette exemption. Lors de la rédaction de la Loi de 1922, il est vrai, ces habitations n'existaient pas encore. La loi du 13 Juillet 1928 qui les a créés a autorisé les sociétés de crédit immobilier à consentir des prêts en vue de leur acquisition ou de leur construction. Si les exemptions sont de droit étroit, il n'en reste pas moins que la largeur de vue du législateur en notre matière nous autorise à croire que les habitations à loyer moyen, tout comme les terrains à bâtir, tombent sous l'application de la Loi du 19 Décembre.

Au point de vue conditions, cette exemption est, comme

en matière d'acquisition de terrains, subordonnée à l'existence d'un emprunt souscrit à une société immobilière ; et il convient de faire, comme pour les terrains, la remarque relative à l'importance de cet emprunt qui peut très bien ne couvrir qu'une partie du prix d'achat. Cette exemption, par ailleurs, comme celle de la Loi du 3 Août 1926, n'est que provisoire et, si, par la suite, les mêmes immeubles font l'objet d'une nouvelle cession, ils supporteront la taxe, s'ils ne répondent plus aux conditions exigées par les Lois des 3 Août et du 19 Décembre 1926.

SECTION III

I. — PRIVILEGE DU PAIEMENT FRACTIONNE
DU DROIT DE MUTATION

Aux termes de l'art. 61 de la Loi du 5 Décembre 1922 qui reproduit l'art. 10 de la Loi du 30 Novembre 1894 :

« Lorsque dans les actes constatant la vente des maisons
« individuelles à bon marché, construites par les Bureaux
« de bienfaisance et d'assistance, les Hospices et Hôpitaux,
« les Sociétés de construction, ou par des particuliers, le
« prix aura été stipulé payable par annuités, prévues au
« contrat, ni être supérieur à cinq. »

« Il sera justifié par un certificat du Maire de la Com-
« mune où est situé l'immeuble que celui-ci a été exempt
« de l'impôt foncier par l'application des art. 2, 3, 60, ou
« que, tout au moins, une demande de l'exemption a été
« formulée dans les conditions prévues par ces articles. »

Conditions d'application

1° Pour bénéficier du paiement fractionné, il faut d'abord que l'acte d'acquisition ait pour objet une maison individuelle ou tout au moins il le fallait avant la loi du 13 Juillet 1928, car cette loi a étendu à l'achat des maisons collectives le bénéfice du fractionnement. Cette condition exclut les maisons à construire.

Entendons-nous bien sur ce point.

Une Société de construction, par exemple, vend un terrain à un individu, en s'engageant à construire sur ce terrain une maison, le tout moyennant un certain prix, payable par annuités.

La question a été posée lors de la discussion de la Loi du 30 Novembre 1894, devant le Sénat, de savoir si le droit de marché de 1 % et le droit d'acquisition de terrain pouvaient, eux aussi, être payés par fractionnement. Le Gouvernement répondit par la négative, car la loi avait pour but le paiement des droits constatant la vente de maisons, ce qui n'était pas le cas.

Au contraire, si, dans l'acte, les parties envisagent l'acquisition d'une maison complètement terminée, le fractionnement est possible, quand bien même la maison ne serait pas encore bâtie. (Rapp. Cass., 21 Juin 1869).

Il faut se placer au point de vue de la convention : quand celle-ci a pour objet l'achat d'une maison, le fractionnement est possible. Dans le cas contraire, le droit de marché exigible ne saurait être fractionné.

2° Le prix d'acquisition doit être payable par annuités. Cette condition est assez claire pour se passer de commentaire. Notons, cependant que, dans une question du 26 Novembre 1927, N° 8.420, Journ. Offic. du 27 Novembre

1927 et du 13 Janvier 1928, il a été demandé si un ouvrier ayant contracté un emprunt remboursable en quinze annuités à une Société de crédit immobilier qui s'était substituée à lui pour payer le vendeur, et qui avait bénéficié d'une inscription de privilège du vendeur, si cet ouvrier pouvait bénéficier du paiement par fractions des droits de mutation, lors de la réalisation de la vente. Il a été répondu par la négative.

Le fractionnement était impossible, dès lors que le prix de vente avait été payé comptant.

L'acquéreur doit justifier, qu'au moment de l'acquisition, la maison était exempte d'impôt foncier, en vertu des art. II, III et LX de la loi, ou, tout au moins, qu'une demande avait été faite en vue d'obtenir cette exemption. Cette exigence a pour seul but de prouver que la maison en question répond bien aux conditions requises des habitations à bon marché, les art. II, III et LX de la Loi du 5 Décembre 1922 n'accordant cette exemption qu'aux maisons à bon marché, au sens exact du mot.

La justification de cette condition est opérée au moyen d'un certificat du Maire, certificat délivré sans frais et en deux originaux (dont l'un sera annexé au contrat de vente, et l'autre déposé au bureau de l'Enregistrement lors de l'accomplissement de la formalité). Ce certificat est exempt de timbre et d'enregistrement.

3° Le bénéfice du fractionnement doit enfin être requis. Cette réquisition est faite au moyen d'une déclaration contenue dans l'acte d'achat si cet acte est authentique ou faite sur papier libre et remise au Receveur de l'Enregistrement, de la situation de la maison si l'acte est sous signature privée.

Portée du bénéfice du fractionnement

Lorsque les conditions d'application que nous venons de voir se trouvent réalisées, le paiement des droits d'enregistrement, y compris la taxe de première mutation, peut donc suivre le paiement des acomptes versés.

Le premier paiement est effectué lors de la présentation de l'acte d'achat à la formalité de l'Enregistrement.

Les autres paiements sont effectués au cours du trimestre qui suit chacune des échéances annuelles du paiement du prix stipulé au contrat. Le nombre de ces paiements ne peut être supérieur à celui des échéances, ni dépasser 5. La totalité du droit est ainsi payée, au plus tard quatre ans et trois mois après la date de l'enregistrement de l'acte. Il peut même arriver que ce laps de temps se raccourcisse, et le bénéfice du fractionnement peut être retiré dans trois cas :

1° Lorsque la demande d'exemption d'impôt foncier aura été rejetée, soit par le Conseil de Préfecture, soit en appel par le Conseil d'Etat. Dans ce cas, le rejet de la demande indique assez clairement que la maison ne répond pas aux conditions voulues, et les droits restant exigibles devront être versés immédiatement.

2° Lorsque l'acquéreur s'acquitte avant les délais prévus au contrat de la totalité de son prix d'acquisition, il perd le bénéfice du fractionnement pour les versemnets restant à effectuer, et doit verser dans les trois mois du règlement le solde des droits.

3° Le retard dans le paiement d'une fraction des droits rend exigible immédiatement la totalité du reste. Ces échéances, d'ailleurs, n'entraînent l'exigibilité d'aucune pénalité.

II. — RESOLUTION VOLONTAIRE OU JUDICIAIRE DU CONTRAT DE VENTE

Sous l'empire de la Loi du 22 Frimaire, An VII, la résolution des contrats de vente entraînait l'exigibilité du droit proportionnel de mutation, sauf dans deux cas :

1° Les résiliements purs et simples faits par actes authentiques dans les vingt-quatre heures des actes résiliés étaient soumis au droit fixe de 1 franc. (Art. 68, paragraphe premier, N° 40).

2° Les jugements portant résolution de contrat ou clause de contrat pour cause de nullité radicale supportaient seulement le droit fixe de 3 francs.

L'art. 10 de la Loi du 30 Novembre 1894 vint ajouter une nouvelle exception au droit commun en édictant que : « la résolution judiciaire ou volontaire du contrat (de vente de maisons individuelles) ne donnera ouverture qu'au droit fixe de 3 francs. »

L'article unique de la Loi du 18 Janvier 1912 remania l'art. 60 de la Loi du 22 Frimaire, An VII, en disposant que : l'annulation, la révocation, la résolution ou la rescision prononcée pour quelque cause que ce soit ne donne pas lieu à la perception du droit proportionnel de mutation. Il n'en reste pas moins vrai, cependant, que le bénéfice de la Loi du 30 Novembre 1894 constitue encore un privilège spécial, tant au point de vue de son étendue qu'au point de vue de sa portée.

Etendue de l'exemption

L'exemption embrasse les actes de résolution volontaire ou judiciaire d'un contrat de vente de maisons individuelles d'habitation à bon marché. A défaut de texte, on ne peut étendre ce privilège aux contrats relatifs à des acquisitions de terrains à bâtir de maisons à loyer moyen et même de maisons collectives. Par contre, cette disposition est applicable à des ventes n'ayant pas entraîné le fractionnement des droits, sous réserve toutefois, par les parties, de produire les pièces propres à établir le caractère d'habitations à bon marché des immeubles vendus, et de justifier que, possédant ce caractère le jour de la vente, ils l'avaient encore le jour de la résolution. L'exemption ne soulève aucune difficulté pour les résolutions judiciaires. Nous avons d'ailleurs vu, qu'en cette matière, elle se rapproche du droit commun. La résolution volontaire, au contraire, peut prêter à confusion.

Une instruction de l'Administration de l'Enregistrement a défini ce terme comme suit :

« Par résolution volontaire, il faut entendre celle qui a pour cause un fait tel que le défaut de paiement du prix qui aurait été susceptible d'entraîner la résolution judiciaire. »

L'exemption n'est donc pas applicable aux conventions amiables qui constitueraient de véritables rétrocessions. Il en résulte que la cause de la résolution doit être exprimée dans le contrat.

En matière de paiement fractionné, l'acte ou le jugement prononçant l'annulation ont pour effet d'arrêter le paiement fractionné des droits. Les termes échus sont dus, mais les termes à échoir cessent d'être exigibles, alors même qu'ils le seraient par suite du paiement tardif de la dernière échéance. Les paiements qui ont été effectués restent acquis au Trésor.

De plus, « ainsi que cela a été indiqué au cours de la discussion de la Loi (Sénat, séance du 16 Février 1894, Journ. Offic., p. 147), le bénéfice du droit fixe est limité aux résolutions qui interviennent à la suite de contrats passibles du droit de vente immobilière. Une Société de construction, par exemple, ne pourrait devenir propriétaire, par voie de résolution, des bâtiments qu'elle aurait élevés pour le compte d'un tiers, en vertu d'un marché assujetti au droit de 1 %, sans acquitter le droit de mutation immobilière à titre onéreux sur la valeur des immeubles. » (Instruction de l'Administration de l'Enregistrement du 4 Avril 1896).

Portée de l'exemption

En cas de résolution judiciaire ou volontaire d'un contrat de vente d'une maison individuelle, le droit de mutation est donc remplacé par le droit fixe de 22 fr. 50.

L'exemption du droit de mutation entraîne l'exemption du droit de transcription ; la formalité est opérée gratuitement quand elle est requise. La taxe hypothécaire de 0,48 % seule est exigible. C'est à ce point de vue, d'ailleurs, que le bénéfice accordé aux résolutions judiciaires des contrats de vente de maisons d'habitations à bon marché se distingue des résolutions judiciaires de droit commun. Le droit fixe, pour ces dernières, ne tient pas lieu du droit de transcription, et ce droit, ainsi d'ailleurs que la taxe des frais de justice à laquelle le jugement ou l'arrêt de résolution peut donner ouverture, sont exigibles indépendamment du droit fixe.

CHAPITRE III

De la Propriété des Maisons

Les maisons d'habitation à bon marché bénéficient de deux exemptions :

Exemption temporaire d'impôt foncier ;

Exemption de la taxe sur les biens de mainmorte.

SECTION PREMIÈRE

EXEMPTION TEMPORAIRE D'IMPOT FONCIER

Nous ne reviendrons pas sur les conditions exigées des maisons, ces conditions ont été largement développées dans le Chapitre Premier. Etudions simplement les formalités à remplir, la portée et l'étendue de l'exemption.

I. — Formalités à remplir

Les formalités à remplir par le propriétaire désirant bénéficier de l'exemption se ramèent à deux :

1° Il doit solliciter cette exemption dans les quatre mois de l'ouverture des travaux.

2° Il doit produire un certificat de salubrité.

a) Comme en matière d'exemption d'impôt foncier pour les constructions nouvelles, la demande est présentée sous forme de déclaration consignée à la mairie de la situation de l'immeuble en question.

Cette déclaration est faite sur un registre spécial, tenu dans toutes les mairies à cet effet.

Aucune forme n'est exigée pour cette déclaration, sous réserve toutefois que le requérant doit manifester son intention de construire une maison d'habitation à bon marché, et de jouir du bénéfice de faveur accordé par la Loi à cette catégorie de constructions.

A une question posée par M. Perreau, Sénateur (Journal Officiel du 24 Février 1928), il a même été répondu que dans le cas où une demande d'autorisation de bâtir est exigée préalablement à la construction, d'une maison d'habitation à bon marché, cette demande pouvait tenir lieu de la déclaration prescrite, à condition toutefois, que le propriétaire manifeste dans sa demande son intention de bénéficier de l'exemption d'impôt foncier accordée aux maisons d'habitation à bon marché.

La demande doit enfin être faite dans les quatre mois de l'ouverture des travaux.

Ce délai est de rigueur et son retard entraîne immédiatement le rejet de la demande.

b) Dans les quatre mois après l'achèvement des travaux. le propriétaire doit produire un certificat de salubrité, délivré par le Comité de patronage compétent.

A défaut de ce certificat, il peut produire la justification d'un pourvoi devant le Ministère du Travail, en vue d'obtenir ce certificat, si ce certificat lui a été refusé ou s'il n'a pu lui être délivré à temps.

Ainsi formulée et appuyée, la demande est instruite comme une réclamation ordinaire, pour décharge ou réduction de cote en matière de contributions directes.

II. — Portée de l'exemption dans le temps

Nous avons vu, dans l'historique des lois, que la durée de l'exemption primitivement fixée à cinq ans, par la Loi du 30 Novembre 1894, avait été portée à 12 ans par la Loi du 12 Avril 1906. L'article 17 de la Loi du 13 Juillet 1928 a fixé cette durée à 15 ans à partir de l'année qui suit l'achèvement de la construction pour les maisons qui seront terminées avant le 1" Janvier 1935. Il convient, dès maintenant, de remarquer que cette exemption n'a pas un caractère provisoire comme celle qui est applicable aux constructions nouvelles en général. L'article 20 de la Loi du 31 Mars 1922, modifié par l'article 31 de la Loi du 1" Avril 1926 et par l'article 16 de la Loi du 30 Mars 1929, a accordé à ces dernières une exemption temporaire de 15 ans à la condition d'être terminées avant le 1" Janvier 1935. Passé ce délai, si une nouvelle loi ne prolonge la durée de l'exemption, les constructions nouvelles seront passibles de l'impôt foncier dès leur achèvement. Pour les maisons d'habitation à bon marché, au contraire, l'exemption de 12 ans de la Loi du 12 Avril 1906 reprendra son application en l'absence même d'un nouveau texte. C'est ce caractère définitif, d'ailleurs, qui distingue les deux exemptions.

L'exemption en faveur des habitations à bon marché est donc d'une durée de 15 ans.

Cette durée peut être interrompue et l'article 60 de la Loi du 5 Décembre 1922 est toujours en vigueur.

Cette exemption cesse de plein droit :

1° Si, par suite de transformations ou d'agrandissements, l'immeuble perd le caractère d'habitation à bon marché, et acquiert une valeur sensiblement supérieure au maximum légal.

2° Si le taux des loyers dépasse les maxima prévus.

3° En cas de retrait de certificat de salubrité ou en cas de refus de la part du propriétaire de se soumettre aux vérifications annuelles du Comité de patronage.

a) Pour les agrandissements et les transformations, on a traduit le terme sensiblement supérieur en décidant qu'une augmentation dépassant d'au moins 10 % le maximum légal entraînerait le retrait de l'exemption (décrets du 21 Septembre 1895, article 57, et du 10 Janvier 1907, article 67). Pour une augmentation inférieure au dixième, le bénéfice de l'exemption reste acquis à l'immeuble entier, y compris cette augmentation.

Quant aux transformations modifiant le nombre de pièces d'une maison ou d'un logement, on doit envisager les maxima des nouvelles catégories, dans lesquelles ils entrent pour savoir si l'exemption doit être maintenue. Il va de soi que la création de nouveaux logements dans une maison collective entraîne l'exemption de ces logements s'ils répondent aux conditions requises.

b) Le bénéfice de l'exemption peut être également retiré si les loyers viennent à dépasser les maxima prévus pour les maisons individuelles ou les habitations collectives.

Pour ces dernières, le retrait de l'exemption, pour la majorité des logements composant des maisons, entraîne le retrait de l'exemption pour l'immeuble en entier.

c) Le bénéfice de l'exemption cesse enfin en cas de retrait du certificat de salubrité.

Les Comités de patronage chargés de délivrer ce certificat sont, en effet, également chargés de vérifier s'il correspond toujours à la réalité.

Ils opèrent des visites pour effectuer ce contrôle; s'ils estiment que les conditions d'hygiène et de salubrité ont disparu, ils ont tous pouvoirs pour retirer le certificat.

Les intéressés peuvent, il est vrai, se pourvoir devant le Ministre du Travail, et en appeler de cette décision.

Les Comités peuvent enfin provoquer le retrait de l'exemption en cas de refus par le propriétaire de se prêter aux visites de salubrité qu'ils sont appelés à effectuer.

III. — *Etendue de l'exemption*

L'exemption d'impôt foncier s'étend au principal de l'impôt tout aussi bien qu'aux centimes additionnels. A ce sujet, il convient de citer les précisions données par M. Borduge, Commissaire du gouvernement, lors de l'élaboration de la Loi du 13 Juillet 1928.

« Dans l'article 60 de la Loi du 5 Décembre 1922 qui fixe
« la législation des habitations à bon marché, l'exemption
« prévue portait uniquement sur la contribution foncière et
« la contribution des portes et fenêtres, cette dernière
« aujourd'hui disparue. D'après l'article 31 de la loi du 1ᵉʳ
« Avril 1926, l'exonération s'applique non seulement à la
« contribution foncière mais aussi aux taxes spéciales per-
« çues au profit des départements et des communes. L'ar-
« ticle 15 du projet appelle à bénéficier de ces mêmes
« exemptions les constructions qui y sont visées.

« La question revient donc à savoir ce qu'on entend par
« taxes spéciales perçues au profit des départements et des
« communes.

« Il y a exemption lorsqu'il s'agit d'une taxe qui frappe
« la propriété, mais l'exemption ne joue pas lorsqu'il s'agit
« d'une taxe qui frappe l'occupant ou qui constitue la rému-
« nération des services rendus. Dans le cas particulier qui

« a été, je crois, cité tout à l'heure, des taxes d'enlèvement
« des ordures ménagères, des taxes de balayage et des taxes
« de déversement à l'égout ; il s'agit de taxes qui atteignent
« l'occupant, l'exemption ne s'applique donc pas. Soit
« qu'elles frappent l'occupant, soit qu'elles constituent un
« remboursement de services rendus, il n'y a pas d'exemp-
« tion pour ces taxes. Au contraire, l'exemption est acquise
« pour les taxes établies sur la valeur en capital ou sur le
« revenu net de la propriété foncière. »

Il est inutile de commenter ces précisions qui jettent un
jour assez clair sur l'étendue de l'exemption. Celle-ci, par
ailleurs, ne s'applique pas aux jardins attenant aux maisons
qui restent soumis à l'impôt foncier des propriétés non bâties.
(Article 2 de la Loi du 5 Décembre 1922). Dans les maisons
collectives sont seules exemptes les parties de ces maisons
qui répondent aux conditions requises, à l'exclusion, par
exemple, de celles dont le loyer est supérieur aux maxima
de valeur locative fixés par la loi.

SECTION II

TAXES DES BIENS DE MAINMORTE

La taxe des biens de mainmorte est une taxe annuelle
représentative des droits de mutations entre vifs et par
décès.

En sont exemptes :

1° Les Sociétés ayant pour objet exclusif l'achat et la
vente d'immeubles. (Loi du 11 Décembre 1875).

2° Les Sociétés ayant pour objet exclusif la construction et la vente des maisons d'habitation à bon marché. (Loi du 5 Décembre 1922).

Ces deux exemptions s'expliquent bien par ce fait que ces sociétés, achetant et vendant sans cesse des immeubles, payent amplement les droits de mutation que la taxe est destinée à remplacer.

Il en résulte, par contre, que les Sociétés de construction ou de crédit paient la taxe des biens de mainmorte pour les maisons qu'elles exploitent ou qu'elles louent. Ces maisons, ainsi d'ailleurs que celles qui apparteinnent aux Sociétés de Crédit Immobilier, aux Offices et aux Fondations, bénéficient d'un tarif de faveur. Elles ne sont passibles que de 47 centimes au lieu de 72 qui est le taux normal de la taxe des biens de mainmorte.

CHAPITRE IV

De la Formation du Fonctionnement des Sociétés, des Offices, des Fondations d'Habitations à Bon Marché

Nous avons étudié les exemptions relatives à l'acquisition et à la propriété des habitations à bon marché ; à côté de ces exemptions, il existe, en faveur des Sociétés des Offices et des Fondations d'habitations à bon marché, toute une catégorie d'exemptions particulières.

Constitution et dissolution des Sociétés d'habitations à bon marché.

Impôt sur le revenu des actions, des obligations et des créances.

Impôt sur les bénéfices industriels et commerciaux et sur le chiffre d'affaires.

Contributions des patentes.

Impôt du timbre des actions et obligations. Droits de transmission.

Droits d'hypothèques. Inscription. Transcription.

Prescription de la Loi du 25 Juin 1920.

Reconstitution des régions dévastées.

Nous terminerons ce chapitre par l'étude de trois exemptions spéciales aux Offices Publics d'habitations à bon marché (exemptions en matière de dons et legs, de mutations à titre onéreux, d'impôt sur le revenu des bénéfices de l'exploitation agricole) et par celle du droit de timbre des affiches des Comités de patronage.

Section Première

CONSTITUTION ET DISSOLUTION DES SOCIETES D'HABITATION A BON MARCHE

Aux termes de l'article 62 de la Loi du 5 Décembre 1922, les actes nécessaires à la constitution et à la dissolution des associations de construction ou de Crédit telles qu'elles sont définies dans la présente loi sont dispensés de timbre et enregistrés gratis, s'ils remplissent les conditions prévues par l'article 68, paragraphe 3, N° 4 de la Loi du 22 Frimaire An VII.

Par associations de construction et de crédit, il faut entendre les Sociétés de crédit et d'habitation à bon marché, telles que nous les avons définies dans la première partie. Quant aux conditions prévues à l'article 68 de la Loi du 22 Frimaire, An VII, elles tendent à priver du bénéfice de ces dispositions les actes de formation, de dissolution ou de prorogation de sociétés qui portent obligation, libération, transmission de biens meubles ou immeubles entré les associés ou autres personnes.

En plus des conditions relatives à l'existence même des sociétés, il faut donc, de plus, que les actes de formation, de dissolution, ou de prorogation ne portent ni obligation ni libération, ni transmission de biens meubles et immeubles entre les associés ou autres personnes.

Si le contrat contenait par exemple un rapport à titre onéreux, le droit de mutation serait exigible, et l'exigibilité de ce droit entraînerait l'application du droit commun à l'ensemble des clauses de ce contrat, notamment à la convention de société.

« Quant aux autres actes dressés en vue de la constitution de cette société, il serait contraire à l'esprit et même à la lettre de la loi de les assujettir aux droits de timbre et d'enregistrement, alors même qu'ils rempliraient la condition imposée. » (Solution de l'administration du 6 Février 1907).

L'exigibilité du tarif de droit commun pour l'acte de Société irrégulier ne prive donc pas les autres actes passés en vue de la constitution de la Société des exemptions de timbre et d'enregistrement.

Par apport à titre onéreux, d'ailleurs, il ne faudrait pas entendre un apport de terrain fait à une société à capital variable par un de ses membres pour recevoir l'habitation personnelle de celui-ci, moyennant l'attribution d'actions ou de droits sociaux, c'est un apport pur et simple qui ne saurait entraîner l'exigibilité du droit de mutation à titre onéreux.

Le droit proportionnel deviendrait exigible si le contrat de société renfermait des conditions particulières entre les associés ou entre ces derniers et des personnes étrangères au contrat.

Ainsi définies, à quels actes s'étendent l'exemption de timbre et l'exemption d'enregistrement gratis ?

Elles s'étendent, d'abord, à toutes les clauses du contrat de constitution, de dissolution ou de prorogation de la société, même aux dispositions indépendantes, c'est-à-dire, aux stipulations du contrat qui, en droit commun, rendraient exigible le droit fixe de Francs : 22,50. Ces exemptions s'étendent par analogie à tous les actes, écrits ou pièces minutes, ou expéditions nécessaires à l'accomplissement ou à la justification des formalités exigées par la loi même avant l'approbation des statuts. Ainsi les actes que nécessite la modification des statuts ou la dissolution de la société sont exempts de timbre et enregistrés gratis. Il convient toutefois de faire trois remarques :

1° En vertu d'une décision du Ministre des Finances du 18 Mars 1902, l'attribution de ses droits, dans l'actif social, d'une maison bâtie, par une société de construction constituée à capital variable, forme une opération de lotissement dépourvue de tout caractère déclaratif et donne ouverture, si elle est pure et simple, au droit de partage de 0,60 %, décimes compris.

2° L'article 5 de la Loi du 30 Décembre 1922 dispose qu'à l'expiration d'une société d'habitations à bon marché ou lors d'une dissolution anticipée la portion d'actif excédant le montant des réserves et la moitié du capital social versé ne pourra être attribué qu'à une ou plusieurs autres sociétés régies par cette loi. Les actes constatant l'attribution d'actif net faite à une ou plusieurs sociétés similaires ne donnent lieu, lors de l'enregistrement, qu'à la perception du droit fixe de Francs : 22,50, quelle que soit la nature des biens compris dans l'actif net attribué.

3° En cas de cession de parts d'intérêts ou d'actions dans les sociétés, l'immunité de timbre des actes de constitution et de dissolution ne s'applique pas aux exemplaires du cédant et du cessionnaire, l'exemplaire qui est remis à la société pour tenir lieu d'inscription sur les registres bénéficiant seul de cette exemption. (Lettre de M. le Garde des Sceaux du 20 Décembre 1915).

Terminons en disant que l'article 62 de la Loi du 5 Décembre 1922 dispense du droit de timbre les pouvoirs en vue de

la représentation aux Assemblées générales. Dans le silence
du texte, ces puovoirs ne sont pas dispensés de l'enregistrement et supportent le droit fixe de Francs : 22,50, quand
la formalité en est requise.

SECTION II

IMPOT SUR LE REVENU

Sous l'empire de l'article 63 de la Loi du 5 Décembre
1922, les Sociétés d'habitations à bon marché sont exemptes
de l'impôt sur le revenu des actions, parts d'intérêts et obligations. Cette exemption s'étend également aux obligations
émises par les offices (art. 73). La même loi a dispensé de
l'impôt sur les créances, dépôts et cautionnements, institué
par la Loi du 31 Juillet 1917, les intérêts des prêts consentis
ou des dépôts effectués par les sociétés et par les offices et
par les fondations.

Aux termes de l'article 13 de la Loi du 30 Novembre 1894,
les sociétés n'étaient exonérées de l'impôt sur le revenu que
pour les actions et les parts d'intérêts appartenant aux
associés dont les versements constatés par le dernier inven-
taire ne dépassait pas Francs : 2.000, et à la condition que
les statuts eussent imposé pour ces titres la forme nominative. Cette libération ne s'appliquait donc pas aux obligations
ni même aux actions au porteur. Elle ne s'appliquait pas non
plus aux actions des associés dont les versements avaient
dépassé le total de Francs : 2.000. Il fallait d'ailleurs entendre le mot versement au sens strict : ainsi un associé ayant
versé moins de Francs : 2.000 était exempt de l'impôt sur

le revenu, quand bien même sa souscription était supérieure à cette somme.

L'article 12 de la loi du 12 Avril 1906 a étendu le bénéfice de l'exemption à toutes les actions, parts d'intérêts, obligations et à l'heure actuelle, toutes les actions, parts d'intérêts, obligations sont exemptes de l'impôt sur le revenu quelle que soit leur forme, et quel que soit le montant des versements effectués par les actionnaires.

L'article 17 de la Loi du 31 Décembre 1918 a dispensé les intérêts des prêts consentis ou des dépôts effectués par les Sociétés d'habitations ou de crédit, de l'impôt sur les créances, dépôts et cautionnements, institué par la Loi du 31 Juillet 1917.

Ces exemptions sont également applicables aux emprunts réalisés par les unions de sociétés prévues par l'article 6 de la Loi du 13 Juillet 1928.

SECTION III

IMPOT SUR LES BENEFICES INDUSTRIELS ET COMMERCIAUX. IMPOT SUR LE CHIFFRE D'AFFAIRES

Aux termes de l'article 65 de la Loi du 5 Décembre 1922 :

« Les Sociétés d'habitations à bon marché, constituées et fonctionnant conformément aux dispositions de la présente loi, sont affranchies, pour les bénéfices qu'elles réalisent, des impôts cédulaires institués par la Loi du 31 Juillet 1917. »

L'article 74 de la même loi dispose que l'article 65 est applicable aux offices publics d'habitations à bon marché.

Les sociétés et les offices sont donc dispensés de l'impôt sur les bénéfices industriels ou commerciaux sous la seule condition d'une constitution et d'un fonctionnement réguliers.

Ces sociétés et ces offices sont-ils passibles de l'impôt sur le chiffre d'affaires ?

Cette question assez délicate a été tranchée par une instruction de l'Administration de l'Enregistrement du 16 Février 1921, N° 42, en ces termes :

« Elles en sont exonérées dans la mesure où elles béné-
« ficient d'une immunité de l'impôt cédulaire sur les béné-
« fices industriels et commerciaux.

« Or, l'article 18 de la Loi du 31 Décembre 1918 affranchit
« des impôts cédulaires institués par la loi du 31 Juillet 1917
« et perçus par voie de rôles :

« 1° Les Sociétés d'Habitations à bon marché constituées
« et fonctionnant dans les conditions prévues par la Loi du
« 12 Avril 1906.

« 2° Les Sociétés de Crédit Immobilier constituées et fonc-
« tionnant dans les conditions prévues par la Loi du 10
« Avril 1908. »

Ces Sociétés sont donc exemptes de l'impôt sur le chiffre d'affaires. Cette exemption peut d'ailleurs, sans risque d'erreur, être étendue aux offices dispensés eux-mêmes de l'impôt sur les bénéfices industriels et commerciaux.

SECTION IV

CONTRIBUTIONS DES PATENTES

Aux termes de l'article 12 de la Loi du 12 Avril 1906, les sociétés ayant pour objet exclusif la construction des habitations à bon marché ou les opértaions de crédit destinées à faciliter l'achat, la construction ou l'assainissement de ces maisons, sont exemptes de la contribution de la patente. L'article 63 de la Loi du 5 Décembre 1922 a exonéré de toute patente les Sociétés de construction ou de crédit, sans tenir compte de leur objet.

La seule condition requise est donc l'approbation des statuts par le Ministre du Travail et de la Prévoyance sociale, mais, comme, sans cette approbation, les sociétés n'auraient pas droit au nom de Sociétés d'habitations à bon marché, cette condition n'en est pas une.

Section V

TIMBRE DES ACTIONS ET OBLIGATIONS

L'article 62 de la Loi du 5 Décembre 1922 dispense les Sociétés d'habitations à bon marché du droit de timbre pour leurs titres d'actions et d'obligations. L'article 73 étend cette exemption aux titres d'obligations des offices.

L'article 2 de la Loi du 30 Novembre 1894 décidait que les Sociétés de construction et de crédit restaient soumises au droit de timbre pour leurs titres d'actions et d'obligatinos et l'article 12 ajoutait, qu'en cas d'émissions nouvelles d'actions, après réduction du capital, les droits de timbre resteraient les mêmes, tant que le capital social précédemment soumis à l'abonnement ne serait pas dépassé.

Ces dispositions ont été abrogées par la Loi du 12 Avril 1906, qui exonère d'une manière générale les titres d'actions et d'obligations du droit de timbre.

Cette exemption porte sur tous les titres émis, et comprend

aussi bien le droit de timbre au comptant que le droit de timbre par abonnement.

Cette immunité, bien que très importante, ne prête pas à de longs développements, vu sa généralité.

Faisons toutefois trois remarques :

1° Comme en matière d'impôt sur le revenu, l'exemption s'étend aux titres d'obligations des emprunts réalisés par les unions de Sociétés, prévues par l'article 6 de la Loi du 13 Juillet 1928.

2° L'article 62 de la Loi du 5 Décembre 1922 fait remarquer que cette exemption ne s'étend pas au droit de timbre quittance, qui est complètement étranger à la question, et suit, pour ces sociétés, le régime de droit commun.

3° Par une décision du 18 Mai 1927, le Ministre des Finances a décidé que les sociétés, qui ont émis, avant le 1" Mars 1907, des actions ou des obligations, ne sont astreintes à aucune formalité de publicité, pour les émissions qu'elles effectueront, à l'avenir, d'actions ou d'obligations appartenant aux types déjà placés.

La notice, que doivent publier les Sociétés qui, postérieurement au 1" Mars 1907, ont placé ou placeront pour la première fois des titres d'un nouveau type, n'aura pas besoin d'être renouvelée pour les émissions successives de titres du même type. (Instruction de l'Administration du 2 Décembre 1907).

SECTION VI

DROITS DE TRANSMISSION

A défaut de texte, les Sociétés d'habitations à bon marché ne sont pas exemptes du droit de transmission, ni pour leurs titres d'actions, ni pour leurs obligations.

Elles suivent, en cette matière, le droit commun, et sont tenues de faire au bureau de l'Enregistrement de leur siège social la déclaration d'existence prévue par l'article premier du décret du 17 Juillet 1857.

Aux termes d'une décision du Ministre des Finances du 21 Mars 1914, l'extrait de la délibération du Conseil d'administration désignant un de ses membres à l'effet de souscrire la déclaration est soumise au timbre de dimension.

Cette déclaration n'entre pas à proprement parler dans les actes bénéficiant de la dispense de timbre que nous avons étudiée plus haut.

Section VII

DROITS D'HYPOTHEQUES.
INSCRIPTION.

L'article 21 de la Loi du 30 Décembre 1922 a étendu aux Sociétés de Crédit immobilier tous les privilèges accordés aux Sociétés de crédit foncier, par le décret du 28 Février 1852 et la Loi du 10 Juin 1853, et aux Caisses de crédit agricole par l'article 34 de la Loi du 5 Août 1920.

Les inscriptions prises pour sûreté de prêts, consentis par les Sociétés de crédit, sont donc dispensées du renouvellement décennal.

Il a supprimé, par contre, le bénéfice accordé par l'article 5 de la Loi du 11 Février 1914, qui affranchissait ces inscriptions de la taxe proportionnelle instituée par l'article 3 de la Loi du 27 Juillet 1900.

En l'état actuel de la législation, les inscription ne sont

donc pas exemptes de la taxe, mais seulement du renouvellement.

Transcription

L'article 5 de la Loi du 5 Décembre 1922 dispense du droit
de mutation l'attribution, lors de l'expiration ou de la dissolution anticipée d'une société à d'autres sociétés similaires,
de l'excédent des réserves et de la moitié du capital social
versé.

Cette dispense entraîne la dispense du droit de transcription et la formalité quand elle est requise ne donne ouverture
qu'à la perception du droit fixe de Francs : 3,70.

SECTION VIII

PRESCRIPTION DE LA LOI DU 25 JUIN 1920

L'article 3 de la Loi du 25 Juin 1920 fait exception, pour
les Sociétés d'habitations à bon marché, quand celle-ci attri-
bue à l'Etat :

1° Le montant des coupons, intérêts et dividendes affé-
rents à ces actions ou obligations négociables et qui seraient
atteintes par la prescription quinquennale de l'article 2.277
du Code civil.

2° Le capital des mêmes actions, obligations, parts de fon-
dateur, et autres valeurs mobilières, lorsqu'elles sont atteintes par la prescription trentenaire.

3° Le solde des comptes courants et des comptes de dépôt
en Banque, quand les comptes n'ont fait l'objet de la part
des ayants-droit d'aucune opération ou réclamation depuis
trente ans.

SECTION IX

RECONSTITUTION DES REGIONS DEVASTEES

Dans cette matière, les Sociétés d'habitations et de crédit, les Sociétés de crédit immobilier et les Offices bénéficient d'une exemption spéciale des droits de mutation.

Aux termes de l'article 49 de la Loi du 17 Avril 1919, l'apport, même à titre onéreux, du droit à l'indemnité, aux Sociétés d'habitations à bon mraché ayant assumé le rôle de la reconstruction de l'immeuble, bénéficie de l'exemption du droit de timbre et d'enregistrement.

Le même article prévoit que le droit à indemnité peut faire l'objet de cession ou de délégation en cas de remploi ou de réinvestissement dans les conditions prévues par les articles 1.689 et suivants du Code Civil, avec toutefois l'autorisation motivée du Tribunal Civil donnée en Chambre du Conseil après avis du Ministère Public.

Ces cessions et ces délégations peuvent être consenties au profit de Sociétés d'habitations à bon marché, et les actes constatant la cession ou la délégation sont exempts de tous droits de timbre et d'enregistrement, tout en restant soumis toutefois à la formalité qui sera donnée gratis.

Cette immunité s'étend à tous les actes nécessaires à la passation du contrat ; elle englobe le droit de transcription, mais non la taxe hypothécaire.

Remarquons qu'elle n'est pas applicable aux cessions à titre gratuit, qui rentrent dans le droit commun, et subissent le droit de donation.

Aux termes du premier alinéa de l'article 2 de cette loi, les Sociétés d'habitations à bon marché sont autorisées à racheter les immeubles endommagés par des faits de guerre, qu'elle qu'en soit la nature, en vue de la construction d'habitations à bon marché.

Les actes constatant ces acquisitions sont exempts du timbre et enregistrés gratis.

Cette exemption, comme celle que nous venons de voir, ne comprend pas la taxe hypothécaire qui reste exigible.

Il faut pour qu'elle soit applicable :

1° Que le bâtiment soit endommagé par des faits de guerre.

La nature de ces immeubles importe peu. Les immeubles bâtis ou non bâtis, agricoles ou industriels, urbains ou ruraux, en bénéficient tout aussi bien.

Il appartient aux sociétés de justifier de la réalisation de cette condition.

La teneur de l'acte est de nature à faire foi ; elles pourront aussi produire tous certificats de l'autorité locale ou préfectorale, ou des commissions instituées à cet effet.

2° Que l'acquisition soit faite en vue de la reconstruction des régions dévastées.

L'intention du législateur était de favoriser la remise en état de ces régions, il est évident que toute acquisition poursuivant un autre but, s'écarte de cette intention, et comme telle est privée du bénéfice de la loi.

3° Il faut enfin que l'acquisition soit faite en vue de la construction de maisons d'habitation à bon marché.

Cette condition n'est pas trop rigoureuse, et les sociétés ne se verraient pas retirer le bénéfice de l'exemption si elles créaient des jardins, des bains ou des lavoirs dépendant de ces maisons, mais ce bénéfice leur serait certainement retiré si elles édifiaient des immeubles industriels, par exemple.

Section X

EXEMPTIONS SPECIALES AUX OFFICES PUBLICS
D'HABITATION A BON MARCHE

A. — Dons et Legs

Les Offices sont des établissements publics, et comme tels ils sont créés par des décrets rendus en Conseil d'Etat.

Leur constitution n'entraîne pas la passation d'actes sujets aux droits de timbre et d'enregistrement, et susceptibles d'en être dispensés.

Par contre, leur patrimoine est formé de donations et de libéralités, et, en cette matière, ils bénéficient de privilèges spéciaux.

L'article 21 de la Loi du 23 Décembre 1912 contient deux avantages en faveur des offices :

1° Les dons et les legs sont soumis à un droit de 9 %, aujourd'hui 10,80 %, sans addition de décimes, dans les conditions déterminées par l'article 19 de la Loi du 25 Février 1901.

2° Tout transfert de propriété, à titre gratuit, effectué par les communes ou départements au nom des offices, ne donne ouverture qu'au droit fixe de 3 francs (aujourd'hui 22,50).

La première disposition ne soulève aucune difficulté, elle accorde le bénéfice du tarif réduit à tous les dons et legs, que sont appelés à recueillir les offices, à condition toutefois que ces derniers les acceptent.

La deuxième disposition aussi est générale et vise tout transfert de propriété à titre gratuit, quelle qu'en soit la

forme et quels que soient les immeubles faisant l'objet de
ces transferts.

Le droit fixe remplace également le droit de transcription ;
toutefois la transcription effective, à la conservation des
hypothèques, de l'acte de transfert donne lieu à la perception de la taxe hypothécaire de 0,48 % (Réponse, Journal
Officiel du 18 Février 1927, page 441, à une question de
M. Couteaux, député, du 12 Novembre 1926).

B. — Droits de Mutation a titre onéreux

Aux termes de l'article 22 de la Loi du 30 Décembre 1928,
« les acquisitions faites à l'amiable et à titre onéreux par les
départements, communes et syndicats de communes destinées
à l'Enseignement public, à l'Assistance et à l'Hygiène sociale,
ainsi qu'aux travaux d'urbanisme et de construction, ne
donneront lieu à aucune perception au profit du Trésor.

Le dernier alinéa de cet article a étendu le bénéfice de
cette exemption aux Offices.

Cette immunité est la plus générale de toutes celles que
nous avons vues jusqu'ici en matière de droits de mutation.

Elle ne comporte aucune restriction et concerne tout droit
de timbre, d'enregistrement et de transcription.

La taxe sur la première mutation elle-même y est
comprise.

Elle s'applique à tous les actes et pièces se rattachant à
l'acquisition et susceptibles de supporter ces droits.

Pour bénéficier du privilège accordé par la loi, les Offices
doivent, comme les départements, les communes et les syndicats de communes, suivre la procédure de la Loi du 3 Mai
1841. En cas d'urgence, cependant, l'article 22 de la Loi du
30 Décembre 1928 institue une procédure nouvelle en dispo-

sant : qu'un arrêté préfectoral déclarera l'utilité publique sans qu'il soit besoin de procéder aux formalités d'enquête.

C. — IMPOT SUR LES BÉNÉFICES AGRICOLES

L'article 74 de la Loi du 5 Décembre 1922 dispense de l'impôt sur les bénéfices de l'exploitation agricole « les terrains appartenant aux Offices publics d'habitations à bon marché et destinés aux buts déterminés par la présente loi quelles qu'en soient leur contenance et leur valeur locative. »

Cette exemption n'est soumise à aucune condition, si ce n'est l'existence régulière des Offices. La réserve insérée dans la loi par les mots « et destinés aux buts déterminés par la présente loi » vise l'article 8, qui définit le but même des Offices.

SECTION XI

EXEMPTION SPECIALE AUX COMITES
DE PATRONAGE

L'article 79 de la Loi du 5 Décembre 1922 exempte du droit de timbre les affiches, imprimées ou non, qui sont apposées par les Comités de patronage des habitations à bon marché et de la Prévoyance sociale et qui ont exclusivement pour objet la vulgarisation des dispositions législatives et réglementaires concernant les habitations à bon marché, la petite propriété, les jardins ouvriers et les bains-douches, toutes les mesures relatives à leur aménagement ainsi que toutes les dispositions prises en exécution du troisième alinéa de l'article 3 de la Loi du 12 Avril 1906.

Ce texte se passe de commentaire ; ajoutons cependant que les affiches doivent porter l'indication du Comité d'où elles émanent.

Nous avons terminé l'étude de la législation ; quel en pourrait être le résultat, et comment pourrait-on y arriver ? Tel sera l'objet de notre conclusion.

CONCLUSION

Le Résultat des Immunités fiscales
Ce qui reste à faire

Tous les Pouvoirs publics et un grand nombre d'initiatives privées ont compris l'intérêt de la question, et y ont porté leurs efforts.

L'action des Communes, des Départements s'est traduite par des subventions, des constitutions de lotissements, des acquisitions de titres des Sociétés d'Habitations à bon marché, par la création d'Offices publics dotés d'une première mise de fonds.

Les Caisses d'Epargne se sont, elles aussi, mises à la tête du mouvement.

Leur concours aux Sociétés de Crédit immobilier n'a cessé de s'accroître.

En 1924, il s'élevait à une somme de.. 34.888.170 fr.
En 1925, il atteignait.................. 36.212.112 fr.
Et en 1926, il est monté à.............. 39.093.206 fr.

(Rapport du Conseil Supérieur des Habitations à bon marché présenté, pour l'année 1927, par M. Georges Risler).

La Caisse d'Epargne de Lyon mérite une mention spéciale. Non contente de faire des avances aux Sociétés de Crédit immobilier elle a, elle-même, entrepris la construction de maisons salubres.

Dès 1912, elle avait créé une Société de Crédit et, depuis cette date, elle ne cesse d'encourager, par son exemple, la lutte contre le taudis.

Le nombre des Sociétés d'habitations et de crédit et des Sociétés de crédit immobilier s'est sans cesse accru.

Entre le premier Avril 1912 et le premier Mars 1923, plus de 200 Sociétés de construction ont été créées. Entre le premier Mai 1927 et le premier Mai 1928, 25 nouvelles Sociétés ont été formées.

Dans le rapport cité ci-dessus, M. Georges Risler relève, pour les Sociétés coopératives d'habitations à bon marché, que :

```
26 prêts ont été consentis en 1924 pour   12.863.800 fr.
36     »              »        en 1925 pour   16.000.290 fr.
43     »              »        en 1926 pour   20.271.200 fr.
```

Les Sociétés de crédit immobilier ont effectué :

```
En 1924,    670 prêts pour   320.486.500 francs.
En 1925,    949 prêts pour   416.459.700 francs.
En 1926,   1263 prêts pour   595.402.900 francs.
```

Quant aux fondations, nous ne saurions les énumérer toutes. Citons en passant celles de M. de Rotchschild, de Mme Jules Lebaudy et de M. Gillet.

En ce qui concerne la Fondation de M. de Rotschild, sur 4.120 habitants qu'elle abrite, le nombre des enfants est de 1912 et la mortalité est descendue à 9,2 ‰.

Dans la fondation de Mme Lebaudy, sur 4.169 habitants, il y a 1.674 enfants et la mortalité est tombée à 7,4 ‰.

Ces chiffres sont assez éloquents pour se passer de commentaires et le remède à la dénatalité dont nous sommes atteints est facile à trouver.

Les usines Michelin, de Clermont-Ferrand, l'ont compris
et nous ne pouvons passer sous silence les efforts accomplis
et les brillants résultats obtenus par cette initiative privée.

Dans toute la France, d'ailleurs, le mouvement s'est des-
siné. Partout s'élèvent des cités-jardins, des cités ouvrières :
les cités d'Ursy, de Bourges, de Longueau, de Lille-la-Déli-
vrance, de Tergnier, de Lens, de Strasbourg, de Gennevil-
liers, de Nanterre, de Suresnes, de Villeurbanne, etc.,
etc...

Paris, Lyon sont en voie de réaliser un immense programme d'habitations nouvelles.

Il reste cependant beaucoup à faire. Les Etats-Unis, l'Angleterre, l'Allemagne ont de loin devancé la France sur ce
terrain.

En Angleterre, 975.048 maisons salubres ont été construites du 1ᵉʳ Janvier 1919 au 1ᵉʳ Octobre 1927.

En Allemagne, l'accroissement du nombre de logements a
été :

Pour 1924, de.............. 106.502
Pour 1925, de.............. 178.930
Pour 1926, de.............. 205.793

Le développement des constructions édifiées dans les 130
plus importantes villes des Etats-Unis a englouti :

En 1924.............. 3.068,1 millions de dollars.
1925.............. 3.550,5 »
1926.............. 3.336 »

En Belgique, 257 Sociétés d'habitations à bon marché
étaient constituées au 31 Décembre 1927, 31.544 logements
avaient été édifiés par ces Sociétés.

En France, le mouvement de la lutte contre le taudis n'a
pas atteint cette ampleur. On doit chercher la raison dans les

difficultés budgétaires que nous avons traversées depuis la dernière guerre. Ces préoccupations ont longtemps empêché le législateur de considérer la question des habitations à bon marché comme un problème primordial pour notre pays.

Il a fallu attendre la loi du 13 Juillet 1928, pour que l'habitation salubre trouve une protection vraiment efficace. Cette loi, d'ailleurs, a élargi le champ d'action de la question Les lois antérieures visaient surtout le logement de l'ouvrier, la loi nouvelle, tout en persistant dans la même voie, l'a étendue à l'habitation du Français moyen.

La création des habitations à loyers moyens répondait en effet à un besoin réel.

Grâce à cette extension, grâce aux subventions prévues par la loi Loucheur, nous pouvons dès à présent affirmer :

1° Que le problème de l'habitation salubre à la portée de tous tend à une solution prochaine ;

2° Que les efforts réunis des Pouvoirs publics et de l'initiative privée réussiront facilement à combler les retards que les vicissitudes d'après-guerre ont accumulées.

TEXTES CITÉS
AU COURS DE CET OUVRAGE

Lois des 22 Frimaire, An VII, art. 60 et 68.
Loi du 30 Novembre 1894, art. 10, 11, 12, 13.
Réglement d'Administration du 21 Septembre 1895, art. 57.
Loi du 12 Avril 1906, art. 3, 12.
Décret du 10 Janvier 1907, art. 67.
Lois des 10 Avril 1908.

      19 Mars 1910.

      18 Janvier 1912.

      23 Décembre 1912, art. 21.

      11 Février 1914, art. 5.

      31 Décembre 1918, art. 17.

      17 Avril 1919, art. 49.

      31 Mars 1920, art. 20.

      25 Juin 1920, art. 3.

      31 Décembre 1921, art. 142.

      5 Décembre 1922, art. 2, 3, 5, 15, 19, 21, 60, 61, 62, 63, 65, 73, 74, 79, 80.

      13 Juillet 1925, art. 321.

      1 Avril 1926, art. 31.

      4 Avril 1926, art. 30.

      3 Août 1928, art. 18.

      19 Décembre 1926, art. 25.

      13 Juillet 1928, art. 6, 16, 17, 24, 25, 37.

      30 Décembre 1928, art. 22, 25.

      30 Mars 1929, art. 16.

      30 Juillet 1929, art. 2, 3.

TABLE DES MATIÈRES

BIBLIOGRAPHIE

Problème de l'Habitation à bon marché en France :
M. Lacombe (Thèse, Paris, 1924).

Les Cités, Jardins, Cité jardin de Trait : M. Nitot (Thèse,
Paris, 1924).

La Question des Habitations à bon marché : M. Faure
(Thèse, Paris, 1923).

*Rapport du Conseil Supérieur des habitations à bon marché
pour l'année 1927 :* M. Georges Risler.

Traité alphabétique des Droits d'Enregistrement (3ᵉ Edition):
M. Maguéro, Tassaint, Molas.

*Circulaires et Instructions de l'Administration de l'Enre-
gistrement.*

*Circulaires et Instructions de l'Administration des Contri-
butions Directes.*

www.ingramcontent.com/pod-product-compliance
Lightning Source LLC
LaVergne TN
LVHW012221170726
843503LV00005B/2190